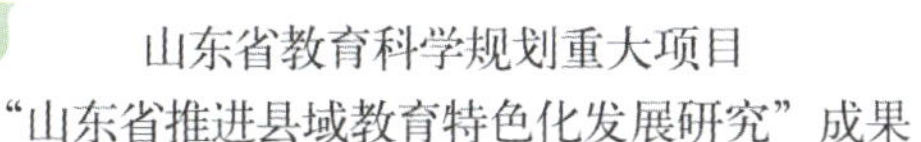

山东省教育科学规划重大项目

“山东省推进县域教育特色化发展研究”成果

聆听花开

初中生心理健康教育

王绪合　高志芹　主编

山东教育出版社

·济南·

图书在版编目（CIP）数据

聆听花开：初中生心理健康教育 / 王绪合，高志芹主编．—济南：山东教育出版社，2016（2025.1 重印）
ISBN 978-7-5328-9504-5

Ⅰ．①聆…　Ⅱ．①王…　②高…　Ⅲ．①心理健康—健康教育—初中—教学参考资料　Ⅳ．① G444

中国版本图书馆 CIP 数据核字（2016）第 214762 号

LINGTING HUAKAI: CHUZHONGSHENG XINLI JIANKANG JIAOYU

聆听花开：初中生心理健康教育

王绪合　高志芹　主编

主管单位：山东出版传媒股份有限公司
出版发行：山东教育出版社
地址：济南市市中区二环南路 2066 号 4 区 1 号　　邮编：250003
电话：（0531）82092660　　网址：www.sjs.com.cn
印　　刷：山东华立印务有限公司
版　　次：2016 年 10 月第 1 版
印　　次：2025 年 1 月第 2 次印刷
开　　本：710 毫米 ×1000 毫米　1/16
印　　张：15.75
字　　数：234 千
定　　价：58.00 元

（如印装质量有问题，请与印刷厂联系调换）印厂电话：0531-76216033

序

任何教育，当以培养健全的人为旨归；而任何教育改革，当以科学的理念为先导。眼下中国的教育之所以受到普遍的关注，甚至成为社会的焦点之一，除了大众对接受良好教育的期待前所未有之外，还与并不令人满意的人才筛选机制、家长与时俱进的教育观念，以及学校教育并不能满足学生身心健康全面发展的需要有关。因此，教育改革势在必行。

沂南县第三中学向来重视对基础教育改革的积极探究，并取得了相当不错的成绩，深受家长的欢迎和社会各界的肯定。目前，他们又结合“全人教育”的新一轮改革，对教育理念、教育内容、教育形式等进行着革新，值得庆贺。

从理念上看，他们起点高，根基扎实。百年大计，教育为本，教育的根本职能是为社会培养高素质的人才。随着社会的快速发展以及价值取向的日益多元化，传统的教育体系已为“全人教育”所取代。而心理健康教育又是“全人教育”的重要组成部分，心理素质也是各项素质的基础。所以，在“全人教育”的理念下必须加强心理健康教育。

教育部新颁布的《中小学心理健康教育指导纲要》（2012年修订）指出，心理健康教育的目标是“提高全体学生的心理素质，培养积极乐观、健康向上的心理品质，充分开发学生的心理潜能，促进学生身心和谐可持续发展，为他们的健康成长和幸福生活奠定基础”。而要实现这个目标，应该努力“普及心理健康知识，树立心理健康意识，了解心理调节方法，认识心理异常现象，掌握心理保健常识和技能。其重点是认识自我、学会学习、人际交往、情绪调适、升学择业以及生活和社会适应等方面”。沂南县第三中学的老师们组织编写的教材《聆听花开：初中生心理健康教育》充分落实了实现这一教育目标的各种举措。

从教育内容上看，《纲要》明确指出，初中心理健康教育主要包括“帮助学生加强自我认识，客观地评价自己，认识青春期的生理特征和心理特征；适应中学阶段的学习环境和学习要求，培养正确的学习观念，发展学习能力，改善学习方法，提高学习效率；积极与老师及父母进行沟通，把握与异性交往的尺度，建立良好的人际关系；鼓励学生进行积极的情绪体验与表达，并对自己的情绪进行有效管理，正确处理厌学心理，抵制冲动行为；把握升学选择的方向，培养职业规划意识，树立早期职业发展目标；逐步适应生活和社会的各种变化，着重培养应对失败和挫折的能力”。

本教材基本涉及《纲要》要求的所有内容，包括“认知篇”的30个综合课程、“活动篇”的8个活动课程以及“评价篇”的7个项目。编写者试图通过这样的课程结构让学生在活动中体验，在故事中品味，在情境中感悟，在讨论分享中收获，在拓展阅读中了解心理健康知识，在轻松愉快的氛围中促进心理素质的提高，在团体的交流碰撞中实现人格的健全发展。

我相信随着实践的进一步深入，他们一定会不断改革，不断创新，使沂南三中的教育在“全人教育”理念的指导下取得更为优异的成绩。

是为序。

宋广文
2016年8月于华南理工大学

目　录

认知篇

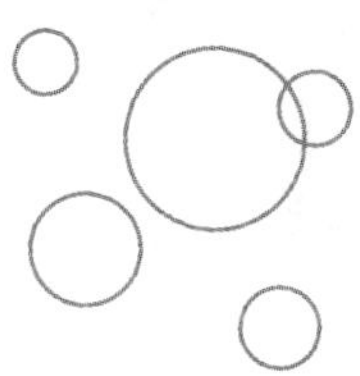

认知篇

第一课 初中，我来了

走过小学六年时光，我们步入了初中；迈过童年的稚嫩，我们已成为少年。面对全新的环境，亲爱的同学们，你们是什么样的心情呢？生命的美丽在于一次次勇敢的变化。毛毛虫化为蝴蝶，小蝌蚪变成青蛙，每一次蜕变都使生命焕然一新。而此时的我们正走在成长路上，面临初中新的环境、新的一切，我们该怎样去更好更快地适应呢？

暖身活动 大风吹

当你来到一个陌生的班级时，你希望知道哪些同学与你拥有相同的特质、特长或是兴趣爱好吗？那么就让吹过的大风来告诉我们吧！

活动规则：由不同同学代表大风，其他同学全体参与。

活动过程：

代表同学：大风吹——

其他同学：吹什么？

代表同学：吹（戴眼镜的、学过钢琴的、喜欢踢球的、某月出生的、来自某所小学的、面对新的环境有某种感受的……）同学。

符合特点的同学起立，互相打个招呼，或是击下掌。如果最后有某位同学一直没被吹到，那么就请这位同学做大风，说一个自己的特点，找寻跟自己一样拥有这个特点的人。

讨论交流：大风吹过了每一位同学，在这次活动中你想到了什么？你的感受是什么？

____

____

亲爱的同学们，尽管我们每个人都是独一无二的，但是在一个团体里只要你愿意，总能找到与你有相同特点、相同爱好、相同感受的人。让我们带着这份亲切共同开启今天的心灵之旅吧！

活动一 告别过去

活动规则：以小组为单位，小组活动结束后选出代表在全班交流。

活动过程：每个人匿名写出自己小学时的成绩、荣誉，最难忘或最难释怀的人 、事、物，最深刻的记忆，写好后放入写有“过去”字样的信封里；然后每个小组成员从中抽出一张，在小组中阅读，组员不做任何反馈；最后由小组代表把带有成员过去的信封，投进写有“历史列车”的纸盒中。

讨论交流：结合自己的经历，谈谈活动中你想到了什么，哪些环节对你有所触动。

____

____

活动二 放松冥想，告别小学

活动准备：1. 播放背景音乐《Kiss the Rain》；2. 幻灯出示“小学”字样。

活动过程：请看着PPT出示的“小学”两个字，全身心地放松，慢慢闭上眼睛，你会发现这两个字慢慢变成一幅画面，那是你在小学时的情景，那里有你曾经熟悉的一切：有你的同学、老师，他们给过你温暖、关爱和鼓励；有你的校园，有开心快乐的时光，当然也有伤心失落的时候；有成绩，有收获，有成功的信心，也有失败的教训。现在它们都成了过去，它们开始慢慢淡去，慢慢淡去……请在心里与它们告别，然后带着那些曾经的温暖和鼓励，带着你的信心和经验，在老师从5倒数到1时睁开眼睛。

也许还有很多的记忆和留恋停驻在我们心中，但时光的脚步不停，成长的脚步不停，不管过去我们经历过多少酸甜苦辣，多少快乐与烦恼，现在都已过去。让我们一起大声说："小学，再见！"

活动三 比一比

告别小学升入初中，是人生历程中的一个重要转折点。无论是学习还是日常生活，我们都将面临全新的环境，这会使我们感到既兴奋又紧张，既新鲜又陌生。校园环境变了，老师同学换了……各方面都发生了很大变化，请同学们比一比，看看小学和初中有哪些不同。

	小学	初中
校园环境		
学习方式		
学习内容		
老师授课		
作息时间		
课堂管理方式		
其他方面		

我们已经找到了初中与小学的很多不同，这些不同也许一开始会让我们感觉不习惯，但相信大家经过不断努力会慢慢适应的，相信大家在努力适应的过程中学习和生活能力都会得到锻炼与提高。

活动四 十指交叉

活动过程：请同学们两手分离，十指张开，然后自然地将十指交叉，双手紧握，观察自己哪只手在上。试着做几遍，感觉怎么样？

现在，请同学们将两手分开，有意识地把另一只手握在上面，仔细体会

这时的感觉。

接下来，请同学们继续重复第二种交叉方法，并认真体会这种感觉。这让你想到了什么呢？跟大家一起分享你的感受。

____

____

讨论交流：面对新的环境，面对初中与小学的差异，我们该怎样调整自己的心态和行为方式，才能更好地适应中学生活呢？请同学们一起讨论，分享彼此的想法和观点。

____

____

活动五 初中，我来了

通过这节课，我们对初中生活有了一些了解和准备，那么就让我们带着自己的优良品质、希望、本领开始初中生活吧！

初中，我带着______________________________来了；

初中，我带着______________________________来了；

初中，我带着______________________________来了；

初中，我带着______________________________来了；

初中，我带着______________________________来了。

方法指南

从小学进入中学，我们不仅要面临学习环境、学习内容与任务的变化，还要面临着人际关系的重新组建。面对一个全新的环境，初一新生往往会感到陌生与茫然，心里缺乏相应的安全感，甚至产生一定的焦虑不安情绪，有时会在行为上有所表现。例如内向、缺乏安全感的同学会出现一些退缩、回避行为，外向急躁的同学可能会通过一些逞强攻击的方式来掩饰。每个新生都将有一段调整自己原有的认识和行为的过程，这一过程也是中学生入学适应的过程。作为初一新生，我们应该如何缩短适应期，减少因适应不良引起的各种问题呢？

1. 主动与同学交往，积极参加班级的集体活动

良好的人际关系对我们适应环境来说是非常重要的。人往往都有一定的恋旧心理，但在一个新的班集体里，积极、主动地结交新的中学朋友，对于尽快适应中学环境来说是非常重要的。想要结交新的朋友，可以多参加班级组织的各项活动。参与班级集体活动不仅可以增加与新同学交流、了解的机会，而且还可以锻炼自己处事应变的能力，尽快地适应中学生的生活和学习环境。

2. 调整好自己的心态

迈入中学以后，由于课程门类增多，所学内容不断深化，学习的压力也相应增大；因此与小学相比，中学阶段的学习逐渐提高了对自主学习的要求。同时，需要强调的是，每个人在生活中都会不可避免地出现这样或那样的失败，失败了并不可怕，可怕的是从此自暴自弃，一蹶不振。所以，面对着新的环境与挑战，我们只有努力奋起，才能达到“柳暗花明又一村”的境地；我们只有学会以积极的心态应对，变压力为动力，才能迎接新的挑战。

3. 努力增强自己的韧性

我们知道一根筷子很容易折断，可是一根藤条却很难折断，这是为什么呢？藤条不比筷子结实，只不过比筷子更有韧性罢了。生活也是这样，我们的生活环境总是在不断地发生变化，而环境的变化总是会影响到身处其中的每个人，这好像我们给筷子和藤条施加的外力一样。生活中，有些人就好像筷子一样，不太容易变通也不容易改变自己，那么就可能如面临压力的筷子，出现一些问题；而有些人则如藤条，可以随环境改变不断地调整自己，这样才能够更好地适应新环境，取得更大的进步。

4. 做好计划，重新定位

合理安排作息时间，更好地应对作业，把作业分出轻重缓急；重新定位，确保自我认知清晰，能真正弄明白“我是谁”“我应该怎样”。

拓展阅读

掉进奶罐中的青蛙

有两只觅食的青蛙不小心掉进一只牛奶罐里，罐里还有少量足以淹死它们的牛奶。一只青蛙未作努力就轻易放弃了求生的希望，认为自己无法跳出奶罐，很快就被淹死了。而另一只青蛙则没有沮丧和放弃，它凭着坚定的信念，鼓起勇气，鼓足力量，一次又一次奋起、跳跃——生命的力量、向往自由的心灵，展现在每一次的搏击和奋斗里。不知过了多久，这只青蛙突然发现，脚下黏稠的牛奶变得坚实起来。原来它的反复践踏和跳动，已把液状牛奶变成了一块奶酪！它从奶罐里轻盈地跳了出来，经过不懈的奋斗和挣扎，终于换来了自由的这一刻！

跳出奶罐的青蛙身上散发着自信的魅力。它告诉我们，不管遇到什么困境，都不要失去信心，更不要放弃，只要努力，终会柳暗花明，走出困境。

感悟和收获

通过本课的学习，你有哪些感悟和收获？想一想，记录下来。

第二课 新朋友　新班级

生活中，谁都不愿意离开群体而独自存在，每个人都有被群体接纳、获得友谊的需要。美国著名心理学家马斯洛需求层次理论中的第三层即为爱与归属的需要。释迦牟尼问他的弟子：“一滴水怎样才能不干涸？”众弟子无人能答，释迦牟尼笑着回答：“融入大海中。”步入中学的大门，面临全新的环境和集体，我们何尝不是那滴水呢？你准备好融入集体的大海并对身边的同学说“让我们成为好朋友”了吗？

暖身活动　打招呼

活动规则：全班同学自由走动，至少要跟五个以上的同学打招呼。站在想打招呼的同学面前，相互伸出双手，掌心相对，十指相握，说：“我叫……我的特点是……让我们成为好朋友，好吗？”然后用膝盖内侧相互触碰一下，表示我愿意与你促膝交谈，聆听你的心声。最后再拥抱一下，表示我愿敞开心扉接纳你，我们相互支持鼓励。

快乐分享：你认识了几位朋友？他们的名字是什么？有什么特点？你的感受又是什么？

活动一 疾风劲草

在还不是十分熟悉的环境里，当我们敞开心扉选择信任时，有时会有些忐忑，有时会觉得要冒一点点小风险。接下来我们一起来做这样一个活动——疾风劲草，让我们在活动中去体验这份带着一点点小风险的信任给我们带来的感受吧。

活动规则： 每排同学从前往后两两互为搭档（身高差别大的同学可调换一下），前边一个同学做“草”，后边的同学做“风”。统一听老师指令，注意安全。

活动过程：

1. “草”站于“风”的前方约三十厘米处，背对着“风”笔直站立，双臂交叉抱于胸前；“风”弓步，双手伸出，手掌竖立。

2. “草”准备好后，大声问：“我准备好了，你准备好了吗？”

3. “风”大声回答：“准备好了，请相信我！”

4. “草”和“风”共同数“1、2、3”，“草”勇敢地倒向“风”，“风”用双手接住，并慢慢地将“草”推回到原先站立的位置。倒3次后，“风”和“草”互换位置。

讨论分享： 亲爱的同学，在这个活动中你的感受是什么？当你背对着同学倒下去时是什么样的感受？第一次和第三次感觉一样吗？当你做“风”时，面对着信任你并向你倒过来的同学你是怎么想的？又是什么样的感受呢？

打开心扉，选择信任，让友谊进驻彼此的心里，同时也让我们大家的心一起进驻这个温暖的班集体中。

活动二 Hello，我的______班

活动过程：

每个人准备一张自粘贴，在自粘贴上写上以下文字：

Hello，我的________班

我叫______________，我的特点是__________________，我希望找到一个________________的朋友，我希望在这个班级中________________，我愿为这个班级________________，我还想说____________________________________。

把所有的心语卡收集起来贴到心形框内，然后大家可以通过心形框去寻找希望成为自己朋友的同学，一个或是几个。

我们找到了希望成为朋友的人，同时全班同学的心语卡贴在一起，构成了我们一起跳动的、一个也不能少的“________班”之心，自此________班就成了我们温暖的家，全体同学及老师就成了“相亲相爱的一家人”。

活动三 相亲相爱一家人

活动过程：准备手语版《相亲相爱一家人》视频，老师跟学生一起做手语动作。

亲爱的同学们，这节课到这里就要结束了。在班集体这个温暖的大家庭中，让我们打开心扉，带着信任，相互支持，一起度过接下来的这三年珍贵的中学时光吧！

知识链接

人际交往是人与生俱来的本性，是社会存在和发展的基础。我们到学校

学习，不仅仅是学习知识，也要学会与人相处、与人合作。在设立诺贝尔奖的第一个25年中，合作研究得奖的占比为41%，第二个25年中合作研究得奖的占比为65%，第三个25年中占比达到79%。与人的交流合作变得越来越重要，同时好的人际关系也是心理健康所必备的社会支持力量。著名心理学家马斯洛在其1943年著述的《动机论》中提出，人的需要可以分为五个层次——生理的需要、安全的需要、社会的需要、尊重的需要和自我实现的需要。

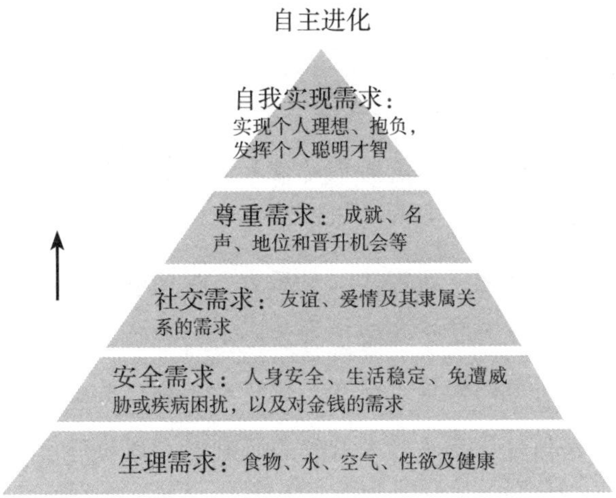

自主进化

自我实现需求：实现个人理想、抱负，发挥个人聪明才智

尊重需求：成就、名声、地位和晋升机会等

社交需求：友谊、爱情及其隶属关系的需求

安全需求：人身安全、生活稳定、免遭威胁或疾病困扰，以及对金钱的需求

生理需求：食物、水、空气、性欲及健康

马斯洛需求层次理论图

方法指南

在人生的海洋中，我们都需要朋友，没有人能独自航行。我们快乐的时候需要与朋友一起分享，我们悲伤的时候需要朋友的陪伴和支持。即便是无所事事的时候，我们也希望有朋友在身边，因为朋友可以让我们的世界充满温暖和幸福。良好的朋友关系可以使我们更快地适应初中的生活，那么，我们怎样做可以摆脱孤单、结交到新的朋友呢？

1. 伸出友情之手，主动与同学交往

担心被拒绝、不被接纳，是初中学生不敢主动和同学交往的最大顾虑。实际上，这种担心是多余的。作为新班级中的一员，你和其他同学一样，都是这个集体的主人。与其坐等别人来找，不妨主动伸出手去，也许那位同学也抱着一个与你接近的期望呢。如果你不去表达，别人又怎会知道你的愿望？即使真的被拒绝，那又怎样呢？你没有损失什么，只是多了一次勇敢而主动的尝试，只是知道了一个同学暂时还没准备好与你架设友情桥梁，就像你也有权利暂时不接受别人的邀请一样。记住，主不主动是你的事情，接不接受是他的事情。每个人都有接受和不接受的权利，被拒绝不代表你不好，更不代表你没面子，只是由于每个人对朋友的期望不同罢了。不要气馁，只要你接纳自己，总会有人喜欢你。

2. 积极倾听，成为一个好听众

在与同学交往的过程中，经常需要倾听他人内心的感受和经验。倾听是世界上最美的动作，倾听意味着我们对他人的理解和尊重。尤其是当朋友讲述一件难过悲伤的事情时，倾听往往会使朋友感到一种关心和支持。这种真诚的态度还会使对方感到温暖，减轻其心理压力。在倾听的过程中，我们可以通过点头、简单回应以及眼神等方式给予对方一定的反馈，这会使对方感受到我们正积极、耐心地倾听他的倾诉。注意，倾听时不要轻易下判断，其实在与朋友交往的过程中，任何时候都不可太过轻易下判断，因为任何人都不太喜欢被品头论足，不喜欢被评判，也不是很喜欢你帮他对某些事情做出评判和选择，这有可能影响到他的自主性和自我判断能力。

3. 善于发现他人优点，真诚赞美他人

“三人行，必有我师焉。”每个人都有自己的优点，都值得大家发现与学习，同时每个人也都希望得到他人的赞扬与认可。学会欣赏他人，真诚赞美他人，会使你的友情之花开得更加灿烂长久。但是赞美要真诚，要基于事实，不要过于夸大，更不要刻意讨好。

4. 待人宽容，尊重差异

不同的家庭、不同的成长经历，造就了我们不同的个性特点、处事方式和价值观念。在与同学交往的过程中，我们要先试着去沟通了解。如果确有分歧，在非原则问题上要充分尊重对方，要知道有些事情并没有绝对的对错，也许只是彼此的观点不同罢了。我们都喜欢宽容一点的朋友，不是吗？同时还要讲究诚信哦，诚信能为我们带来信任和安全感。

通过本课的学习，你有哪些感悟和收获？想一想，记录下来。

第三课 好心态　好开始

有人曾说过：你的态度是你真正的主人，要么是你去驾驭生命，要么是生命驾驭你。我们也许不能延长生命的长度，但我们可以拓展它的宽度和厚度；我们不能改变天气，但我们可以左右自己的心情。当我们不能改变环境时，我们可以试着去调整自己的心态，好的心态可以让我们更好地应对新的开始，也可以成就更好的人生。

暖身活动　算一算

如果26个字母分别用数字1~26来代替的话，让我们来算一算。

A	B	C	D	E	F	G	H	I	J	K	L	M	N	O
1	2	3	4	5	6	7	8	9	10	11	12	13	14	15
P	Q	R	S	T	U	V	W	X	Y	Z				
16	17	18	19	20	21	22	23	24	25	26				

KNOWLEDGE（知识）

K+N+O+W+L+E+D+G+E = 11+14+15+23+12+5+4+7+5=（　　）

MONEY（金钱）

M+O+N+E+Y=13+15+14+5+25=（　　）

LOVE（爱）

L+O+V+E = 12+15+22+5=（　　）

LUCK（好运）

L+U+C+K = 12+21+3+11=（　　）

ATTITUDE（心态）

A+T+T+I+T+U+D+E = 1+20+20+9+20+21+4+5=（　　）

这些小计算让你想到了什么呢?

活动一　读一读

雨后的蜘蛛

雨后，一只蜘蛛艰难地向墙上已经支离破碎的网爬去。由于墙壁潮湿，它爬到一定的高度，就会掉下来。它一次次地向上爬，一次次地掉下来……

第一个人看到了，他说:“这只蜘蛛真愚蠢，它从旁边干燥的地方绕一下就能爬上去，我以后可不能像它那样愚蠢。”于是，他变得聪明起来。

第二个人看到了，他立刻被蜘蛛屡败屡战的精神感动了，并从这里得到启示，于是，他变得坚强起来。

第三个人看到了，他叹了一口气，自言自语:“我的一生不正和这只蜘蛛一样吗? 忙忙碌碌而无所得。”于是，他日渐消沉。

讨论分享: 三个人看到了同一只蜘蛛，为何他们的命运如此不同呢? 如果是你看到这只蜘蛛，你会怎么想怎么做?

____

____

活动二　测一测

下面是一个小测试，四个选项没有对错，请按照自己真实的想法选择一个吧。

假设你现在非常渴，在找东西喝，忽然看到桌子上放了半杯水，你会怎么想怎么做?

A. 真是太好啦，在我口渴的时候还有半杯水，正好解渴。

B. 谁放在这里的，我得问问。

C. 真倒霉！本来就够渴的了，好不容易找到点水，还只剩一半了。

D. 半杯水喝完了我没准会更渴，干脆别喝了。

测评分析：以下答案只是对以上选项的解读，看看是否符合你。无论符合不符合都没关系，这只是一个小测试，没有人可以为多元多彩的你下一个百分百的定义。

选择A：对待生活是充满希望的，总是可以从事情好的方面来思考问题。在你的眼里，生活是美好的，人与人之间是没有芥蒂的。这样的你是有智慧的，容易获得成功。

选择B：对生活有着客观评价，做事很讲原则，相信“人不犯我我不犯人”；但对人的信任度和生活安全感略有不够，在受到别人帮助时也许会考虑对方的目的。生活中你有清晰的自我边界感，这点很好。

选择C：做出这样的选择，说明你在生活中容易用一种悲观的视角看待事物，忽略逆境也能给人们带来乐趣，时常怨天尤人，闷闷不乐。可能你也不愿这样想，但是过往经验已经形成了这样的一种惯性思维模式，如果意识到了，是可以慢慢改变的。

选择D：有这样想法，表示你更倾向于把注意力放在事情的结果上，而忽略过程。你更多看到的是对错之分，不太愿意做没有意义的事。但有时候由于对自己要求较高，目标太大，也会有一些挫败感。试着放下太高的要求，认真地体会当下，享受过程吧。

同样的半杯水，不同的人会做出不同的选择。希望每位同学在以后的日子里多从好的方面看待问题，保持积极乐观的心态。

活动三 猜一猜

我们说生活中需要乐观的心态，需要积极的态度，那么是不是只要积极乐观就一切都可以了呢？一起来看下面的脑筋急转弯。

还剩几只青蛙

有三只青蛙在河中的叶子上顺水漂流，其中一只想跳到水里，请问：叶子上还剩几只青蛙？

等
一
会
儿
再
看
答
案
哦

想跳和跳不一样，我们是不是也是那只空想的青蛙呢？我要好好学习，我明天要早起，我一定要做好笔记……但是后来呢？

活动四 演一演

市场部经理的考核

两个人去一家公司应聘销售员，面试官给出了同样的题目，具体情景如下：

市场部经理：给你们两个人一项任务，看看谁在一个月内能把梳子卖给和尚，谁卖得多谁就可以留下来。

A：和尚没有头发怎么会买梳子？这是不可能的，我干不了。

A唉声叹气地走了。

B：和尚没有头发，所以应该没有人想过要卖梳子给他们。如果我能想到一个办法，让他们买我的梳子的话，那一定是笔很大的销量。

B想出办法，然后找到一家寺院的主持进行推销。

B：……

主持：好吧，施主你这个建议不错，本寺要买一万把。

讨论分享：此情景剧中A和B在面对困难时分别是什么样的心态？关于心态及行动你想到了什么？如果这项任务给你，你会选择做A推销员还是B推销员？猜一下B推销员用的方法，如果是你呢？

____

____

____

消极的心态，只会束缚我们的才华和前进的步伐。失败者常常受到消极疑虑和过往失败经验的引导和控制，沮丧悲观，很难获得成功和幸福。

积极的心态，能够激发我们的聪明才智，使我们坦然乐观地面对困难和挫折，进而走向成功。

打败自己的往往不是困难，而是自己的心态。拿破仑·希尔认为：成功人士首要的标志在于他的积极心态。一个人如果乐观地面对人生，积极地接受挑战，那他就成功了一半。

活动五 说一说

当前的学习和生活中你有哪些困难和烦恼？你会怎样来看待和解决这些问题呢？

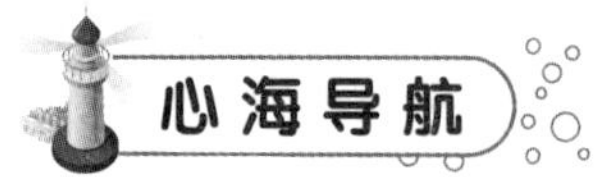

走进星星的世界

拿破仑·希尔曾讲过这样一个故事：塞尔玛陪丈夫驻扎在一个沙漠的陆

军基地，她常常一个人留在陆军的小铁皮房子里，天气炎热，没人聊天，而当地的土著居民也不懂英语。她非常难过，于是写信给父亲，说是要丢开一切回家去。他父亲的回信只有一句话，却完全改变了她的生活：两个人，从牢房的铁窗望出去，一个看到了泥土，一个却看到了星星。塞尔玛感到非常惭愧，决定要在沙漠中寻找星星。于是她开始和当地人交朋友，观看沙漠的落日，寻找几万年前沙漠还是海洋时留下的海螺壳，研究沙漠中的植物、动物，学习有关土拨鼠的知识。她把原来认为最恶劣的环境，变成了一生中最有意义的冒险，并出版了《快乐城堡》。她从"牢房"中望去，终于看到了"星星"。故事中塞尔玛所处的环境并没有改变，改变的是她的心态。当她换一个角度，积极乐观地去面对眼前的困境时，她从原来"牢房"一样的沙漠里看到了"星星"，把"牢房"变成了"快乐的城堡"。

方法指南

如何培养积极的心态

一个人能飞多高，在很大程度上受其心态的影响和制约。我们的心态在很大程度上决定了我们人生的成败。

如何才能培养积极心态呢？可以尝试从以下几个方面做起。

1. 言行举止像你希望成为的人

许多人总是等到自己有了一种积极的感受再去付诸行动，这是本末倒置。积极行动会导致积极思维，而积极思维会导致积极的人生心态。从开始就积极行动起来，去努力成为你想成为的人，心态自然也会跟着积极起来。

2. 要心怀必胜、积极的想法

当我们开始运用积极的心态并把自己看成成功者时，我们就已经开始走向成功了。

谁要想收获成功的人生，谁就要当个好农民。我们决不能仅仅播下几粒积极乐观的种子，然后就指望不劳而获，还要必须不断给这些种子浇水，给幼苗培土施肥。要是疏忽这些，消极心态的野草就会丛生，夺去土壤的养分，直至庄稼枯死。

3. 用美好的感觉、信心与目标去影响别人

随着你的行动与心态日渐积极，你就会慢慢获得一种美满人生的感觉，信心日增，人生中的目标感也越来越强烈。紧接着，别人会被你吸引，因为人们总是喜欢跟积极乐观者在一起。运用别人的这种积极响应来发展积极的关系，同时帮助别人获得这种积极态度。

4. 使你遇到的每一个人都感到自己重要、被需要

每个人都有一种欲望，即感觉到自己的重要性，以及别人对自己的需要与感激。这是我们普通人的自我意识的核心。如果你能满足别人心中的这一欲望，他们就会对自己，也对你抱积极的态度。一种你好我好大家好的局面就将形成。正如美国19世纪哲学家兼诗人拉尔夫·瓦尔多·爱默生说的："人生最美丽的补偿之一，就是人们真诚地帮助别人之后，同时也帮助了自己。"

做到以上几点并不很难，关键在于你是否想做和坚持下去。我们知道，成功人士与失败者之间的最大差别就是：成功人士始终用最积极的思考、最乐观的精神和最辉煌的经验支配和控制自己的人生；失败者则刚好相反，他们的人生是受过去的种种失败与疑虑所引导支配的。说到底，如何看待人生、把握人生由我们自己的态度决定。

感悟和收获

通过本课的学习，你有哪些感悟和收获？想一想，记录下来。

找回失落的兴趣和动机

亲爱的同学们，你还记得小时候的热情和好奇吗？那时的你，见了什么都想看一看、摸一摸、问一问。探索求知本身是我们人类最初最原始的本能和需要。俗话说“兴趣是最好的老师”，强烈的兴趣通常源自我们内在的需求和动机。在成长过程中，不知从何时起部分同学逐渐遗失了这份内在的动机，有些同学的学习甚至变成了一件不得不做的苦差事。今天让我们一起来找回我们内在的天然动机吧。

暖身活动　3和3的倍数

活动过程：全班同学参与，每个人轮流报数字，从1开始，遇到3或3的倍数拍一下手代替，出错者最后统一排队用身体表示一个数字。

活动一　想一想

活动过程：同学们，从小到大学习与我们朝夕相处，如同一位不离不弃的朋友。现在想到它，你是什么样的感觉呢？如果让你与它说说心里话，你会说些什么呢？假如一天下午你背着书包，离开学校到了一个地方，这里没有学校，你不能再看一本书，也不能再学习，你会是什么感觉？想一想：学习对你，对你的成长和将来能起到怎样的帮助呢？

讨论分享：以小组为单位相互交流各自的感受和想法，最后各小组分别推荐一名代表在班级中做概述和分享。

活动二 测一测

我们常说兴趣是最好的老师，而强烈的兴趣来自于我们内在的需求和动机。你的学习动机、学习兴趣以及学习目标是怎样的呢？通过下面的问卷测一测吧。

请仔细阅读问卷中的每一个选择项，并与自己的实际情况相对照。若觉得相符，请选出来。

A

1. 如果别人不督促你，你极少主动地学习。

2. 当你读书时，需要很长的时间才能提起精神来。

3. 你一读书就觉得疲劳与厌倦，直想睡觉。

4. 除了老师指定的作业外，你不想再多看书。

5. 如有不懂的问题，你根本不想设法弄懂它。

B

6. 你常想自己不用花太多的时间，成绩也会超过别人。

7. 你迫切希望自己在短时间内就大幅度提高自己的学习成绩。

8. 你常为短时间内成绩没能提高而烦恼不已。

9. 为了及时完成某项作业，你愿意废寝忘食，通宵达旦。

10. 为了把功课学好，你放弃了许多感兴趣的活动，如体育锻炼、看电影与郊游等。

C

11. 你觉得读书没意思，想去找个工作做。

12. 你常认为课本的基础知识没啥好学，只有看高深的理论、读大部头作品才带劲。

13. 只在你喜欢的科目上狠下功夫，而对不喜欢的科目则放任自流。

14. 你花在课外读物上的时间比花在教科书上的时间要多得多。

15. 你把自己的时间平均分配在各科上。

D

16. 你给自己定下的学习目标，多数因做不到而不得不放弃。

17. 你给自己定下的学习目标，多数不容易做到。

18. 你总是同时为实现几个学习目标忙得焦头烂额。

19. 只完成每天的学习任务，你已经感到力不从心。

20. 为了实现一个大目标，你不再给自己确定循序渐进的小目标。

测评分析：

A部分如果选择3项以上，说明你学习动机太弱；

B部分如果选择3项以上，说明你学习动机太强；

C部分如果选择3项以上，说明你在学习上有所困扰；

D部分如果选择3项以上，说明你的学习目标存在问题。

你的学习动机、学习兴趣以及学习目标是怎样的呢？相信通过测验你有了新的发现。现在我们再从具体科目中寻找一下吧。

活动三 找一找

1. 兴趣是最好的老师，强烈的兴趣来自于内在的需要和动机。现在让我们来了解一下自己对所学科目的兴趣，看看它来自哪里，并想办法让自己对不喜欢的科目产生兴趣。

兴趣排名	科目	原因

2. 你最感兴趣的是哪一门学科？你对它是怎么培养兴趣的？这对于学习其他科目有没有可借鉴的地方？在小组内相互交流，推荐一名同学总结记录，在班级中分享。

____

____

____

3. 对于自己不喜欢的学科，怎样把外在动机转化为内在动机？你有没有想到一些好的方法或是有些新的思考呢？

____

____

____

活动四 说一说

同学们，通过本节课对学习兴趣的寻找，大家对学习又有了哪些新鲜的感受和思考呢？请大家畅谈己见并带着那些美好的感悟，继续与它不离不弃朝夕相伴吧！

拓展阅读

你在为谁玩

一群孩子在一位老人家门前踢一个可乐罐，踢得不亦乐乎。几天过去了，老人难以忍受。于是，他出来给了每个孩子25美分，对他们说："你们让这儿变得很热闹，我觉得自己年轻了不少，这点钱表示谢意。"

孩子们很高兴，第二天仍然来了，一如既往地嬉闹。老人再出来，给了

每个孩子15美分。他解释说，自己没有收入，只能少给一些。15美分也还可以吧，孩子仍然兴高采烈地走了。

第三天，老人只给了每个孩子5美分。孩子们勃然大怒："一天才5美分，知不知道我们多辛苦！"他们向老人发誓，他们再也不会为他玩了！

感悟分享：____

____

上面这个故事中，起初孩子们是"为快乐而玩"，可是在老人给钱以后，这件事情就变成了被别人操控，变成"为钱而玩"了。

人的动机分两种：内部动机和外部动机。如果按照内部动机去行动，我们就是自己的主人。如果驱使我们的是外部动机，我们就会被外部因素所左右，成为其奴隶。要想获得成功快乐的人生，一定要做内部动机认可的事情，而不是按照外部动机来行事，否则就会像那群孩子一样了。

当你做的事情来自于外部动机的时候，情绪就很容易出现波动。因为，外部因素我们控制不了，它很容易偏离我们的内部期望，让我们不满，让我们牢骚满腹。

也许有人会说，从小到大，我所做的所有事情都是来自于外部动机啊！其实，事情原本并不是这样。我们上学时，学习的原动力是好奇心和学习的快乐。后来，它逐渐被外在的因素取而代之，像分数、排名、同学和老师的印象、家长的态度、获得的奖惩等。如果你想了解一下自己的学习动机被什么取代了，不妨去完成下面的句子：

学好了会：____。

学不好会：____。

方法指南

怎样培养学习的内在动机

1. 积极期望。积极期望就是从改善自己的心理状态入手，对不太感兴趣的学科充满信心，积极暗示自己，相信该学科是非常有趣的。这种“兴趣”会推动我们认真学习该学科，从而对该学科真正产生兴趣。

2. 小步骤自我激励。在学习之初，确定小的学习目标，通过小步骤提高学习的信心，并不断地给自己适当的自我奖赏，不断强化对该科的信心和好感觉。

3. 从生活中的爱好出发，培养兴趣。如喜欢汽车、电脑、制作、科幻小说等，可以此为出发点，去发现、了解进而爱上相关的学科知识。

4. 把所学应用于实际，获得即时反馈。用学到的知识解决实际问题，可以带来成功的喜悦，这种反馈是建立稳定持久兴趣所必需的。如学习了物理可以成功地解决简单电路问题等。

5. 想象成功，刺激需要。比如可以通过想象学业成功的场景或是成果，刺激自己渴望成功的需要，从而激发学习兴趣。

感悟和收获

通过本课的学习，你有哪些感悟和收获？想一想，记录下来。

____

____

____

第五课 了解自己，选择适合自己的学习方法

亲爱的同学们，面对新的学习内容或是科目，有的同学虽然很努力，但是成绩却没有很大的起色，而有些同学看起来与别人的能力、努力程度差不多，学习成绩却高出不少。自身已经很努力了，可是成绩却不够理想，这或许源于一个问题，就是缺乏对自己学习过程的了解。今天，就让我们一起来探索如何在了解自己的基础上，选择适合自己的学习方法。

暖身活动 视频欣赏

观看《最强大脑》第一季视频片段。

视频中“X-女特工”赵玥、“辨音美少女”黄华珠、“千面师奶”李玉娟，分别是用什么样的方式获取信息，记住她们要记忆的东西的呢？人们从外界获取信息主要通过四种感觉——视觉、听觉、味觉、触觉。对于大多数人而言，这几种能力我们都具备，但是每个人的优势方式却是有差异的。你的优势方式是什么呢？下面我们通过活动来测评一下。

活动一 测一测

一、优势学习

1. 你参加了一次聚会，第二天你最可能回忆起来什么？

A. 参加聚会人的脸。

B. 参加聚会人的名字，而不是面孔。

C. 在聚会上你所做的事情或是说的话。

2. 为了准备考试，你会如何学习？

A. 看书，看笔记，看图示和图解。

B. 让别人问问题，或是自己默默复述一些知识要点。

C. 自己动手整理卡片，画图示（如地理、生物等）。

3. 看到单词“dog”，你首先想到的是什么？

A. 想到一张特定的狗的图片。

B. 默诵“dog”这个单词。

C. 出现一种牵着狗（或抚摸狗）的感觉。

4. 想集中精神时，你觉得最让你分心的是什么？

A. 看见什么东西。

B. 噪音。

C. 其他一些感觉，如饿、鞋子紧或是担心等。

5. 在电影院门口排队时，你最可能做什么事？

A. 看其他电影的广告宣传海报。

B. 跟站在边上的人聊天。

C. 跺脚或是以其他方式向前移动。

6. 进入一家科学博物馆，你首先会做什么？

A. 四处张望，找个显示不同展位的地图。

B. 跟博物馆导游询问，请教有关展览的事情。

C. 先走近一个看着有趣的展位，以后再看说明。

7. 当你生气的时候，你最可能做的是什么?

A. 沉着脸。

B. 大发雷霆或是喊叫。

C. 跺着脚出去，并摔门。

8. 你愿意参加什么兴趣班?

A. 美术班。　　B. 音乐班。　　C. 体操班。

9. 听音乐时你会做什么?

A. 想象画面。　　B. 跟着哼起来。　　C. 随着音乐拍手跺脚等。

10. 你会怎样构造一个故事?

A. 写下来。　　B. 试着讲出来。　　C. 把它试着表演一下。

测评分析:

选择A的人大约占40%，属视觉学习类型。

选择B的人大约占30%，属听觉学习类型。

选择C的人大约占30%，属动作或是触觉学习类型（大约各占15%）。

这些学习类型没有好坏之分，适合的就是最好的，你只需要了解自己，根据自己的优势学习类型去选择适合自己的学习方式就好。

根据你以前的学习经验并参考相关的优势学习资料，找到适合自己的学习方法，并跟同学们交流分享一下吧。

二、学习指数

从下表的8个项目中，实事求是地选择一个最符合你的条目，在□中画"√"；把8个选中条目的分数加起来，除以24，得到的数字就是你目前的学习能力指数。

限时学习	学习从来没有时间概念	□0分
	时间观念时有时无	□0.5分
	经常按照规定时间学习	□1.5分
	总是按照规定时间学习	□3分

计划学习	从不制订计划 学习计划时有时无 经常制订学习计划 制订学习计划并能全部落实计划	□0分 □0.5分 □1.5分 □3分
课前预习	从不预习 预习行为时有时无 预习时只读教材 预习时采取读教材、记笔记且做练习的方式	□0分 □0.5分 □1分 □3分
有效听课	听课效率低 不感兴趣的课听课效率低 听课基本能抓住重点 听课能抓住重点并能当堂弄懂	□0分 □0.5分 □1.5分 □3分
有效复习	从不复习 复习行为时有时无 采取浏览式读教材的方式复习 采取回想、看书加复述的方式复习	□0分 □0.5分 □1分 □3分
优质作业	经常完不成作业 能够按时作业 能够认真完成作业并进行检查 计时完成作业，能进行检查与小结	□0分 □1分 □2分 □3分
错题管理	从不改错题 改错题行为时有时无 经常改错题 有专用改错题本并定期复习	□0分 □1分 □2分 □3分
考试管理	考试不认真审题 考试认真审题并检查每一道题 考试后的错题、难题归类整理 考后进行丢分统计分析，归类整理并定期复习	□0分 □1分 □2分 □3分

你的学习能力指数=你的得分/24分（总分）

1减去学习能力指数即为学习能力的差距，同时也是能力提升的基础。

测评分析：

0.65以上为优，学习能力比较强，可达到理想的学习效果。

0.5~0.64为良，有一定的学习方法，仍须努力提升学习能力，力争在较短时间内使自己的学习能力指数提升0.1以上，以达到理想学习效果。

0.49以下说明当前的学习能力较弱，要下较大功夫使学习能力指数上升0.2以上，以达到理想学习效果。

通过以上的学习指数检测，你发现了什么？哪些地方还需要提升呢？跟同学们分享一下吧。

活动二 经验借鉴

采访一位你喜欢的老师、一名成绩优异的同学、一名高年级的同学，请他们谈谈是怎样找到适合自己的学习方法的，然后比较他们方法的异同，说说你的感受及从中得到的启示。

通过以上的测试、采访、交流讨论，你一定了解了自己的优势学习类型，并找到了适合自己的学习方法。

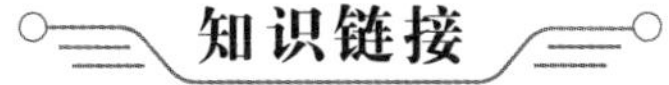

优势学习类型

人们接受信息，进行学习，要借助不同的感觉器官，如凭耳朵听、用眼睛看、用手摸等。不同的人对不同的感觉器官和感知通道有不同的偏爱，有些人更喜欢通过视觉的方式接受信息，也有一些人更喜欢通过听觉了解外在世界，还有一些人更习惯通过动手（或身体运动）来探索外部世界，从而掌握有关信息。心理学的有关研究表明，不同认知通道的学习效果是有差异的。一般来说，只使用视觉通道仅能记住材料的25%，只使用听觉通道仅能记住材料的15%，而视听结合，使用多通道参与学习活动，则能记住材料的65%。不同感知觉类型的学习者，在学习上有不同的表现，所应采用的学习策略也各不相同。从感知觉方面看，学习者主要有视觉型、听觉型、动觉型三种类型：

1. 视觉型

视觉型学生善于通过接受视觉刺激而学习，喜欢通过图片、图表、录像、影片等各种视觉刺激手段接受与表达信息。他们将所听到的事情想象成图像，将所要说的话以形象来取代。他们通过观察所学到的，往往比从交谈、聆听或是实际习作中所学到的东西还要多。在学习上，他们自己动手涂写要比阅读文字、聆听语言更有效。

这种类型的学生喜欢阅读，而且能够比较容易地从书本上吸收知识。他们能将所读的文章轻而易举地记住，并转换为口语，因而在复述或书面测试中容易取得好成绩。他们一般都很自信，而且具有很强的自制力，学习有自主性和计划性，有时还具有创造性。

2. 听觉型

听觉型学习者善于通过接受听觉刺激进行学习，喜欢通过讲授、讨论、听录音等口头语言的方式接受信息。

这种类型的学生上课一般都能认真听讲，能够按时完成老师布置的作业。他们的不足之处在于，过多地注意原有的知识可能会影响他们潜力的充分发挥。

3. 动觉型

动觉型学习者喜欢通过双手和整个身体运动进行学习，如通过做笔记、在课本上标注、亲自动手操作等来学习。他们不喜欢老师一味地讲解和板书，

也不擅长言语表达。他们往往在体育、自然、艺术等需要动手操作、实验的学科中表现得较为突出。

这种类型的学生往往有着较大的发展潜力，做事一般都比较守信，而且一旦集中于某事就会做出很好的成绩。

上述三种类型的学习者各有长处。同学们要了解自己属于哪一种类型，充分发挥优势，弥补不足。

方法指南

1. 对视觉型学生的学习建议

由于视觉型学生的学习成绩一般比较好，因此往往容易产生过于自信的思想，而且有时会过于以自我为中心而看不到其他外在的事物。视觉型学习者应该设法扩大自己的视野，放下架子，多向别人学习和请教，并多找些课外读物和习题集等以拓展自己的知识范围。由于他们大多把主要精力都投入到学习上了，因而有些人会对其他活动不太感兴趣。广泛兴趣的培养、动手能力的训练是这个学习类型的人一定要注意的。

2. 对听觉型学生的学习建议

多培养独立解决问题和处理问题的能力。遇到不会或不懂的问题不可急于向他人请教，应该自己多动脑筋想办法，或借助查字典、查阅有关参考资料去寻找答案，只有在实在无法解答时才可去请教别人。

要培养自己独立思考问题的习惯。在平时的学习和生活中，要多问自己几个“为什么”，这样既可开阔自己的思路，又能使自己对问题的认识更加深入。

3. 对动作型学生的学习建议

这类学生在学习时宜采用分散法进行学习。这类学生从小养成的学习习惯通常是边玩边学，注意力往往是不集中的；因此分段学习法很适合他们。分段学习法是先集中学习30分钟，然后休息10分钟左右，再改换其他学科学习，慢慢地再把30分钟延长到45分钟、60分钟、一个半小时等，逐渐培养自己集中精力学习的习惯。为了集中自己的注意力，开始时可以先学一些自己感兴趣的学科，等情绪调动起来之后再改为学习较难的或不大感兴趣的学科。这样交替进行学习的方式可以使学习者不至于感到太疲劳，并可以逐渐地对不感兴趣的学科也产生兴趣，从而提高自己的学习成绩。

这种类型的学习者要学点集中精力的方法。比如多给自己增加一些课外读物，让引人入胜的书籍来帮助培养“坐得住”的习惯，并让自己坚信自己是坐得住的。这类学习者需要改进的还有对学习科目的兴趣和思维方法。

对这类学习者来说，还应该尽可能地为自己创造一个和谐、安静的学习环境，以最大限度地集中学习注意力。

感悟和收获

通过本课的学习，你有哪些感悟和收获？想一想，记录下来。

____

____

____

考试，我的朋友

考试是检验我们学习效果的一种方式，但是很多同学对待考试会有不同程度的焦虑。面对即将到来的考试，你有什么样的感觉呢？面对考试焦虑，如何去调整心态，轻松应对，让考试真正成为促进我们学习的朋友呢？

暖身活动 不要想兔子

现在请同学们闭上眼睛，做个深呼吸，然后按照引导来想象，大家不要想兔子，一定不要想那只白色的兔子，一定一定不要想那只长耳朵、红眼睛、短尾巴的白兔子。好，请大家睁开眼睛。现在大家脑海里是什么形象啊？

上面的活动所反映的心理现象为心理暗示。为了不让这种现象发生，最好的解决办法就是不否认不回避。

活动一 焦虑测评

下面的测验旨在对同学们的考试焦虑心理做客观的诊断，请如实作答。如果“很符合自己的情况”请写“A”，如果“比较符合自己的情况”请写“B”，如果“基本上不符合自己的情况”请写“C”，如果“很不符合自己的情况”请写“D”。

1. 在重要的考试前几天，我就坐立不安。

2. 临近考试时，我会泻肚子。

3. 一想到考试即将来临，身体就会发僵。

4. 考试前，我总感到苦恼。

5. 考试前，我感到烦躁，脾气变坏。

6. 紧张的温习功课期间，常会想："这次考试要是考不好怎么办？"

7. 越临近考试，我的注意力越难集中。

8. 想到马上就要考试了，感觉参加任何文娱活动都没劲。

9. 在考试前，我总预感到这次考试会考砸。

10. 在考试前，我常做关于考试的梦。

11. 到了考试那天，我就不安起来。

12. 听到开考的铃声响了，我的心马上紧张起来。

13. 遇到重要的考试，我的脑子就变得比平时迟钝。

14. 考试题目越多越难，我越感到不安。

15. 考试时，我的手会变得冰凉。

16. 考试时，我感到十分紧张。

17. 遇到很难的考试，我就担心自己会不及格。

18. 紧张的考试中，我却会想些与考试无关的事情，注意力集中不起来。

19. 考试时，我会紧张得连平时记得滚瓜烂熟的知识也回忆不起来。

20. 考试中，我会沉浸在空想之中，一时忘了自己是在考试。

21. 考试中，我想上厕所的次数比平时多些。

22. 考试时，即使不热，我也会浑身出汗。

23. 考试时，我紧张得手发僵，写字不流畅。

24. 考试时，我经常会看错题目。

25. 在进行重要的考试时，我的头就会痛起来。

26. 发现剩下的时间来不及做完全部考题，我就急得手足无措，浑身冒汗。

27. 如果我考不好，家长或教师会严厉地指责我。

28. 考试后，如发现自己会的题没有答对，就十分生自己的气。

29. 有几次在重要的考试之后，我腹泻了。

30. 我对考试十分厌烦。

31. 只要不记成绩，我就会喜欢考试。

32. 考试不应在这样的紧张状态下进行。

33. 不进行考试，我能学到更多的知识。

测评分析：

（1）计算总得分

总得分=选“A”的次数×3＋选“B”的次数×2＋选“C”的次数

（2）测评考试焦虑水平

总得分	0～24	25～49	50～74	75～99
焦虑水平	镇定	轻度焦虑	中度焦虑	重度焦虑

如果测试结果显示你很镇定或者只是轻度焦虑，那么对于你的学习不但无妨碍，反而具有帮助你集中精力，促使你抓紧时间审视题目、理清思路、提高答题速度等的作用。如果你有中度甚至重度的考试焦虑，就应该采用有效的措施进行心理调适了。

（3）图识焦虑

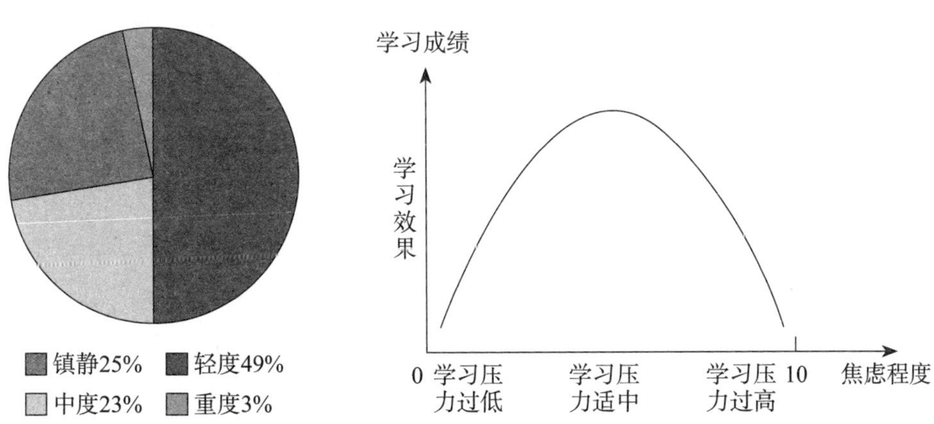

通过以上测试和图示，你发现了什么？对于考试焦虑你有没有新的认识？

活动二 直面焦虑

1. 说出焦虑

每位同学写下自己的考试焦虑，写完后由班长汇总，全班讨论总结出焦虑的主要来源和表现形式。

2. 化解焦虑

对于以上种种焦虑现象和来源，你有什么样的应对方法呢？小组讨论总结，共同分享，相互借鉴。

活动三 友好偕行

考试，我的朋友

播放背景音乐《月光水岸》。

导语：深吸一口气，慢慢地吐出，想象你来到一片绿色的原野上，听到了溪流清脆悦耳的声音，还有鸟儿欢快的鸣叫声，你甚至还闻到了阵阵的花香，柔和的风吹在你身上，暖暖的阳光照在你身上……你感到很舒服，很安全。想象一个叫考试的朋友来到你身边，当你考得不理想时，它对你说："别急，我只是来提醒你的，无论怎样你都是个很棒的孩子。"当你考得好的时候，它在你身边，对你说："你真棒！加油！"看着你的这位朋友，再想想你以前对它的紧张害怕，此时此刻你想对它说什么呢？

好，请把你跟考试的对话以及那些美好的感觉深深埋在心底，陪伴你以后考试的路，然后慢慢睁开眼睛，看看你周围的伙伴。

考试是一面镜子，目的是检验教与学的效果，帮你查缺补漏，确立新的目标。接下来，就让我们带着这堂课的感觉和方法去面对每一场考试吧。

知识链接

考试焦虑

考试焦虑，是指因考试压力过大而引发的一系列生理心理现象，包括考前焦虑、临场焦虑（包括晕考）以及考后焦虑紧张。心理学认为，心理紧张水平与活动效果呈倒“U”字曲线关系，紧张水平过低或是过高都会影响成绩。

适度的心理紧张，可以使考试给人一种激励作用，产生良好的活动效果；但过度紧张则会导致考试焦虑，影响考场表现，甚至影响身心健康。

方法指南

考试紧张心理如何缓解

考试时，如何有效缓解紧张心理，在有限的时间内发挥最佳水平呢？你不妨试试以下的方法：

1. 有意识地控制呼吸

把一只手放在腹部，吸气时从1数到5，呼气时也从1数到5。不要大口吸气，要慢慢地深深地吸气，再慢慢地呼出，让放到腹部的手感受到腹部的起伏。

2. 想象美好的景象

想象一些宁静优美的景象，让自己放松下来。可以结合舒缓的音乐，用心体会宁静优美的景象所带来的感觉；可以使用“安全岛”技术，每次考试时让自己进入一种安全放松的状态。

3. 放松肌肉

把脚平放在地板上，两手抓住椅子的两个把手，脚用力扒住地，手向上提椅子，拉紧肌肉，持续5秒钟放开。这样做会使整个身体都放松，必要时可以反复做几次。

4. 三次深呼吸

通过鼻腔吸气，想象吸入新鲜的空气，感觉空气充满腹部，憋气2秒，通过口腔缓缓呼出，想象压力、焦虑等所有负面情绪都被一并排出。可重复三次，通过空气进出身体的感觉来调节呼吸。

5. 小憩

特别紧张时，握笔的手会颤抖。这个时候不要再继续坚持，而应停下来，耸耸肩，闭上眼，休息片刻，让自己慢慢放松下来。

6. 喝水

喝一点水，目的不是解渴，而是利用动作缓解焦虑。

7. 问个问题

卷子发下来后，如果你感到很紧张，可以问监考老师一个问题，打破让人不舒服的寂静，也能缓解严肃气氛带来的压力。

8. 先做容易的题目

这种做题的技巧平时老师也教了不少，简单题目可以让人的压力和担心降下来。

9. 运用积极的自我暗示

回想以前自己考得不错的成绩，回想复习得很好的知识，相信现在的题目自己也会做，也能做得不错。

10. 减压操

如果你感到自己有压力，并且影响了自己的身心发展，请来做做这些减压操吧。

（1）清醒头脑——鸣天鼓

鸣天鼓，是我国传统的健脑操。具体做法：两只胳膊支在桌子上，闭上眼睛，手指向后用双手心按住耳孔，然后用中间的三个指头，轻轻敲击耳朵后面的枕骨，此时耳朵可听见“咚咚”的声音，好像在敲鼓。敲击要有节奏，每次敲击二三十下。该动作主要防治头昏耳鸣，对清醒大脑、镇静情绪有明显效果。

（2）改善记忆——耳部按摩

选择一种自认为舒服的姿势，躺着或是坐着都可以，然后闭上双眼，用拇指和食指夹住耳朵，拇指在后食指在前，自耳朵上下来回轻轻捏揉约10分钟左右。这个动作，可改善记忆力，对周围同学影响也不大，即使大家在一起自学，也可悄悄做。

（3）缓解疲劳——提腿摸膝

两脚立开，差不多与肩同宽，先平抬左腿，用右手摸左膝盖，再抬起右腿，换左手摸右膝盖，反复练习3分钟；然后改做平行练习，就是抬左腿用左手摸左膝，抬右腿用右手摸右膝，持续练习3分钟。

大家都知道，大脑两个半球对身体各个功能实施对侧控制，即右半球控制身体左侧，左半球控制身体右侧。左右两个半球在学习某些科目时的利用度是不一样的，比如左脑负责逻辑思维，右脑负责语言、空间、艺术等。这个练习，可以促进大脑两个半球协调工作的能力，缓解单侧用脑过度而引发的身心疲劳症状。

（4）身心放松——想象训练

选一段自己喜欢的音乐，找个自己最舒服的姿势，坐着或是躺着，然后闭上眼睛，随着音乐尽情想象。可以想象自己躺在柔软的沙滩或是草地上，太阳暖暖地照着，风儿柔和地吹着……总之是想象自己喜欢的、舒服的、放松的场景，训练时间10分钟左右。

（5）意念放松

闭上眼睛，心中默念：我很放松……我的头很放松……我的脖子很放松……就这样一直到肩背、手臂、两腿、双脚，连续数次。

感悟和收获

通过本课的学习你有哪些感悟和收获？想一想，记录下来。

____

____

____

跌倒了，爬起来

“阳光总在风雨后，请相信有彩虹。”在学习和生活中，我们随时都可能遇到各种困难、挫折，甚至不幸。当挫折来临时，我们该怎样去面对？是被挫折吓倒，一蹶不振，还是勇敢地爬起来，总结经验，以顽强的意志走向成功呢？今天让我们来一起体验，一起感受吧！

暖身活动 鸡蛋变凤凰

活动有四种角色：

鸡蛋：身体蹲下。

小鸡：身体半蹲。

母鸡：身体直立，一手上举。

凤凰：展开双臂呈飞翔状。

同桌之间或是各自找搭档以“剪子、包袱、锤”的游戏方式决出输赢，赢了升一级，输了降一级，变成“凤凰”后就可以“展翅飞回”自己的座位，剩下的同学可以继续找其他同学比输赢或是跟搭档说：“我不服，再来一次。”

小组讨论：你在从“鸡蛋”变成“凤凰”的过程中是一帆风顺的吗？当遇到挫败时你的感受如何？你是怎么应对挫败的？

____

活动一 感受挫折

你在生活中遭遇过哪些挫折呢？请在音乐声中回顾一下吧！

播放背景音乐《忧伤还是快乐》。在音乐中放松，闭上眼睛静静地回顾成长过程中所经历的挫折。

交流： 谈谈你对挫折的感受。

____

____

活动二 认识挫折

挫折除带给我们一些不太舒服的感受外，还会带给我们什么呢？

蝶蛹与小鹤

草地上有一个茧，被小鹤发现并带回了家。几天后，茧壳上出现了裂缝，里面的蝴蝶挣扎着，身体似乎被卡住了，一直出不来。看着蝴蝶苦苦挣扎的样子，小鹤于心不忍，便拿剪刀把茧壳剪开，帮助蝴蝶脱茧而出。然而，由于蝴蝶没经历过破茧前必须经历的痛苦挣扎，出壳后身躯臃肿，翅膀干瘪，根本飞不起来。没过多久，蝴蝶就死了。

读了这个故事，你有何感想？

____

____

活动三 面对挫折

成长道路上，挫折不可避免。当挫折来临时，你会如何反应，如何面对呢？下面的描述，看看你符合哪几条。

（1）遇到挫折时，我会感到运气不好。

（2）我一遇到挫折就心灰意冷。

（3）别人从来不会碰到我所面对的挫折。

（4）我认为挫折只会给人留下难过和困境。

（5）面对挫折，我常常用逃避的方法解决。

（6）我常想要是永远都不遇到挫折就好了。

（7）碰到挫折后，我总是沉浸在消极的情绪中。

（8）我碰到的挫折都是别人引起的。

通过这个小小的测验，你发现了什么？

____

____

____

活动四 应对挫折

抗挫智囊团

法国大文豪巴尔扎克说过："苦难和挫折对于天才是一块垫脚石，对能干的人是一笔财富，对于意志弱的人可能是一个万丈深渊。"如何让挫折变成我们的财富、垫脚石而不是万丈深渊呢？请同学们以小组为单位组成"抗挫智囊团"，相互交流一下，然后选出代表在班里分享。

现在再来回顾你曾经遇到的困难和挫折，你是不是觉得有了更好的应对方法？想一想，写下来。

____

____

____

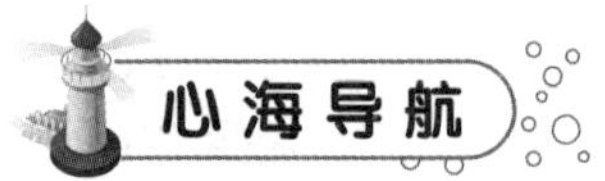

知识链接

逆　商

除了智商、情商外，近年来又流行一个新的概念：逆商（Adversity Quotient，简称AQ）。IQ、EQ、AQ并称3Q，成为人们获取成功必备的法宝。有专家甚至提出，成功=20%（IQ）+80%（EQ+AQ）。

AQ值（逆境商数）是我们在面对逆境时的处理能力值，明确地描绘出一个人的挫折忍受力。

根据AQ专家保罗·史托兹博士的研究，一个人AQ愈高，愈能以弹性面对逆境，积极乐观，接受困难的挑战，发挥创意找出解决方案，能不屈不挠、愈挫愈勇，而终究表现卓越。

相反，AQ低的人，面对逆境则会感到沮丧、迷失，处处抱怨，逃避挑战，缺乏创意，而往往半途而废、自暴自弃，终究一事无成。

AQ不但与我们的工作、学习表现息息相关，更是一个人是否快乐的关键。

高AQ是可以培养的，并且最好是从小培养，所以现在许多教育机构都在提倡挫折教育。

在逆商的测验中，一般考查以下四个关键因素——控制、归属、延伸、忍耐，简称为CORE。控制指自己对逆境有多大的控制能力；归属是指逆境发生的原因以及愿意承担责任、改善后果的情况；延伸是对问题影响工作、生活等其他方面情况的评估；忍耐是指认识到问题的持久性以及它对个人的影响会持续多久。

拓展阅读

笑看挫折

英国大诗人拜伦说过：“逆境是达到真理的一条道路。”丘吉尔说：“飞得

最高的是逆风的风筝，而不是顺风的风筝。”历史上成就伟大事业的人，往往是那些遭遇许多不幸而又矢志不渝的艰辛者。所以学会如何面对挫折，如何化挫折为进取的力量，我们才能成功。面对挫折，以下几条小贴士也许对你有帮助：

1. 直面挫折。在挫折面前有时我们会持否认的态度，在重大挫折或打击面前暂时的否认机制是对自我的保护，但是长久的否认会影响我们成熟的步伐，直面挫折是应对挫折的第一步。

2. 欲处理事情先处理情绪。如果条件允许，要试着先去适当处理情绪。可以转移下注意力，适当安排一些娱乐、体育等自己喜欢的活动，或是到户外呼吸一下新鲜空气，也可以适度发泄郁闷的情绪：一是哭，人遭遇挫折后，通过流泪可以将一些有害的物质排泄出去；二是倾诉，即遇到挫折时把自己的烦闷向别人诉说，也可以通过写博客等方式倾诉自己的不快。

3. 乐观面对。要相信挫折只是暂时的，失败只是告诉我们哪条路走不通，应该换一种方法或是换一条路去试试。对待挫折的乐观精神是我们一生的财富，有了它，我们就能更好地克服困难，让生活多一些成功与快乐。

4. 分析挫折。面对挫折，要去分析是什么原因造成的，哪些是主观的，哪些是客观的，哪些是可以改进的，哪些是无法改变的。在此基础上吸取经验，给挫折画上句号，激励自己继续前进。不可“一朝被蛇咬，十年怕井绳”，自此退缩不前。

5. 调整目标。检查自己定的目标是不是合理，是不是没有充分考虑自己的能力基础。过高的目标会使人一再受挫，可把目标调整一下，或是把一个大目标分成几个小目标，逐个突破；如果目标是合理的，那要看看方法合不合适。

6. 控制行为。受挫时，谁都会感到烦恼、沮丧，有时容易出现一些负面的不恰当的行为。在这种情况下，要有意识地运用心理防御机制，采取一些比较积极的应对方式，防止挫折感加重，否则可能会因为新的行为产生更大的挫折感。

感悟和收获

通过本课的学习，你有哪些感悟和收获？想一想，记录下来。

遇见未知的自己

青春期是发展自我同一性的重要时期，这个时期一个非常重要的任务就是认识自我。对于刚迈进初中的学生而言，是否有健康的自我形象和不断趋向成熟的自我意识，对人格形成和心理发展至关重要。什么叫自我意识呢？简单来说就是我是谁，我是个什么样的人，我有什么样的优缺点，我有什么样的特质……让我们一起走进今天的心理课堂，遇见未知的自己吧。

暖身活动 猜猜我是谁

全班同学闭上眼睛，找一名同学说一句话，或是选首歌唱一句，或是模仿一种小动物的叫声，看看谁先猜出是哪位同学。

你猜对了吗？没看见为什么还能猜出来呢？

活动一 我的手印

请同学们在A4纸上画下自己的手印（把手按在纸上，用笔画轮廓），不要写名字，不要做标记，然后以小组为单位收集起来，由组长一张张展示，最后大家认领回自己的手印。

讨论分享：你是怎样认领回自己的手印的？你的感受是什么？

____

____

活动二 遇见内心的自己

播放背景音乐《故乡的原风景》。

导语：请同学们闭上眼睛，全身放松，想象你面前有一面大镜子。你在镜子中看到了什么？看到他你有什么感觉？你愿意跟他对话吗？如果用一段话或是几个词，你愿意怎样来描述他？如果你觉得可以了，请跟镜子中的那个人说再见，告诉他以后还会来看他的。

现在请想象你走出校园，沿着一条路往前走，你会看到一棵树，树上结满了大大小小的果子，果子上写着你的特质，有优点，有缺点，请仔细地看看上面分别写了什么。

讨论分享：在刚才的活动中你看到了什么？想到了什么？试着写下来或是画下来。

____

____

____

活动三 你眼里的我

以小组为单位，大家围坐在一起，从一个同学开始，大家分别说出对他的印象。大家也可以分头去了解父母眼中的自己是什么样的，老师眼中的自己是什么样的。

活动四 我认识到的自己

通过这堂课的学习，你对自己有哪些新的认识？请写下来。

____

____

知识链接

我的神秘之窗

很多人会觉得："我怎么会不了解自己呢？我姓什么，叫什么，家住何处，成长经历如何，内心有哪些秘密，我清清楚楚，怎么会不了解自己呢？"可是心理学家曾提出过一个理论，叫"乔哈里视窗"。他们认为一个人的自我就像一扇窗，分为四个区域，其中有许多我们所不了解的地方。

"乔哈里视窗"根据我们对自己的了解程度和他人对我们的了解程度，把人的自我分为四个区域：

开放我：这部分自己了解，他人也了解，主要包括我们的身高、长相、体重及其他公开的信息。

隐藏我：是指自己了解、他人不了解的部分，包括我们个人有意隐藏的秘密和想法，如童年往事、痛苦辛酸的经验、一些不便公开的想法等等。有时我们会觉得他人不了解我们，其实除了一些其他原因外，还有一点就是，我们每个人内心本来就有一部分是只有自己知道而别人不了解的。

盲目我：是指他人了解、自己却不了解的部分，也就是个人的盲点。盲目我的大小与一个人的自我观察能力有关，自我观察能力比较强的，其盲点就较小。

未知我：是指他人不了解、自己也不了解的部分，需要做一些努力才能激发出来，如通过投射测验、梦、自由联想、意外事件、顿悟、心理咨询等，使自己不知道的部分变为自己知道的部分。

课堂拓展

心理学上对自我的认识包括三个方面，分别是生理自我、心理自我和社会自我。我们从多个角度来看待自我，才能更完整地了解自己、认识自己。请在自我观察、反省和倾听他人评价的基础上完成下面的表格，以对你自己有一个更为完整的认识，进而更好地提高自己。

	理想的我	自己眼中的我	他人眼中的我
身　高			
体　重			
相　貌			
衣　着			
性　格			
爱　好			
理　想			
能　力			
与父母的关系			
与同学的关系			
与老师的关系			
班级地位			
其　他			

讨论分享：

1. 在“自己眼中的我”和“理想的我”两个栏目中，有多少项相符合？有多少项不相符？面对这些差距，你打算怎么做？将你的想法和小组同学分享。

2. “自己眼中的我”和“他人眼中的我”有多大差距？怎样能让二者变得更加一致？

感悟和收获

通过本课的学习，你有哪些感悟和收获？想一想，记录下来。

悦纳自我　提升自信

世界上人很多，但却只有一个你。无论你学习怎样，长相如何，有多少朋友，生活是不是充实快乐，你都会因为你是你而变得独特。因此我们每个人都应该珍惜自己，更好地发挥自己的优点，改正自己的缺点，接纳自身的不足，做个快乐自信的自己。

暖身活动　阅读绘本《可爱的小雀斑》

读过这个绘本，你想到了什么？相信你会像书中的小草莓一样珍惜自己与众不同的特色，并懂得接受、欣赏自己与别人不同的地方。

小草莓

活动一　发掘内在宝藏

1. 我们每个人内心都潜藏着巨大的宝藏，今天我们就找寻内在宝藏的一项：自己的优点。你知道自己有哪些优点吗？下面请用10分钟时间找出自己的50个优点吧。

____

____

____

2. 写完以后选择三项跟同伴分享。

我是一个____________________的人；同伴回应：是的，你不仅是个____________________的人，我看到你还有更多的优点。

3. 在你的优点中，哪些已经得到了充分发挥？哪些被你忽视了？在以后的学习和生活中应该怎样做呢？

____

____

____

活动二 自信操

你做过自信操吗？让我们站起身，一起做一做，同时提升一下自信心吧！

活动程序：

1. 先用右手拍胸一下，然后再用右手拍一下左肩，再拍一下右肩，右手竖起大拇指从胸前用力伸出去，同时大声说："我很不错！"

2. 换左手做同样的动作。

3. 先用右手拍胸一下，同时说"我是"，用右手拍左肩，同时说"真的"，用右手拍右肩，同时说"真的"；然后换左手拍右肩，同时说"真的"，用左手拍左肩，同时说"真的"，两手同时交叉拍双肩，同时说"真的"；最后两只手竖直大拇指同时从胸部用力伸出，大声说："很不错！"

"我是真的，真的，真的，真的，真的很不错！"声音洪亮，动作有力，呈现自信的神态。

4. 连贯起来就是："我很不错！我是真的，真的，真的，真的，真的很不错！"要求：声音洪亮，充满自信，并同时配以手势。

讨论分享：做完自信操，你感觉怎么样呢？

____

____

____

活动三 爱上不完美的自己

你还记得绘本《可爱的小雀斑》吗？每个人心里都有一个理想的自我形象。有的同学希望拥有动听的歌喉，苗条的身材，出众的容貌；有的同学希望自己聪明睿智，学习出类拔萃。然而理想和现实的差距常常让我们感到苦恼和无奈，你能像朱丽安·摩尔一样，接纳自己的不完美吗？请用下面的句子转换思维方式，转换视角，爱上不完美的自己吧！

虽然我个子不高，但是我认为浓缩的就是精华。

虽然我脸上痘痘很多，但说明我正值青春年少。

虽然我不善言辞，但我画画很棒。

虽然我学习暂时没赶上去，但是我体育很好，而且我正在努力哦。

虽然我______________________，但是我______________________。

虽然我______________________，但是我______________________。

虽然我______________________，但是我______________________。

虽然我______________________，但是我______________________。

虽然我______________________，但是我______________________。

当换一种方式看待自己时，你有什么感觉？

____

____

活动四 写给自己的一封信

肯定自己的优点，改正能改正的缺点，接纳无法改变的不足。本着这样的态度与自己对话，是自省和智慧的捷径。请按照下面的提示给自己写一封信，学会接纳自己，爱自己。

亲爱的________（自己的昵称）：

从现在开始，我要学习肯定与欣赏你。我知道，你有很多优秀之处，____；也有很多缺点与不足，____。

我愿努力弥补你的不足，对于无法改变的不足（如身高等）我也愿意________________，因为这才是一个完整而独特的你。我爱你的美，也爱你的不完美。我承诺，我会一直努力，为你创造一个自信、健康、幸福的人生！

心海导航

课堂拓展

悦纳自我小测验

1. 我身上有许多长处。 是（ ）否（ ）
2. 别人的能力比我强。 是（ ）否（ ）
3. 我承认我身上有一些弱点，但是我不害怕这些弱点。是（ ）否（ ）
4. 看看别人，想想自己，我就开心不起来。 是（ ）否（ ）
5. 我喜欢自己的家及与自己有关的一切。 是（ ）否（ ）
6. 我不想让别人知道我的家庭，认识我的父母。 是（ ）否（ ）
7. 我相信自己的未来是美好的。 是（ ）否（ ）
8. 在谈到他人的弱点时，我总是装作自己没有这些弱点。
   是（ ）否（ ）
9. 我清楚自己的弱点，不怕让人知道。 是（ ）否（ ）
10. 遇到挫折和打击时，我会讨厌自己。 是（ ）否（ ）

如果你在大多数奇数问题上回答“否”而在大多数偶数问题上回答“是”，就说明你不能很好地接纳自我，需要在以后的生活中调整对自己的态度。

方法指南

悦纳自己的一切

处于青春期的少年，自我意识高涨，开始注重自己的形象，开始频繁地对自己进行评价，还常常会拿自己与同龄人比较。结果往往是看到了别人的优点，放大了自己的缺点，于是不能悦纳自己。那么，我们怎样做才能愉快地接纳自己的一切呢？

1. 肯定自己的长处

喜欢自己、接纳自己，首先要充分肯定自己，肯定自己的长处，肯定自己的发展潜力。就算我们身上不乏这样或那样不尽如人意的地方，但尺有所短，寸有所长，每个人身上都有自己的长处。不知道自己长处的人只不过是没有发现它，没有发挥它。

2. 接纳自己的缺点

接纳自己既要接纳自己的优点，也要接纳自己的缺点，这样才能接纳一个完整的自我。一个人不会完美无缺，同样也不会一无是处。不要对自己太苛责，提出一些超过自己能力很多的目标，这无疑是对自己的打击。但是，这并不意味着忽视自己的缺点，而是要坦然面对自己的缺点，正视自己的缺点，努力改正。

3. 抛弃“假想观众”

随着青春期的到来、身体的迅速成长和性的发育成熟，大家越来越把注意力指向自身。我们在心理上或是脑子里存在着一群“假想观众”，觉得自己每天就像演员一样生活在舞台上，有无数双眼睛在看着自己，自己随时会受到别人的欣赏或是批评。我们往往不能区分自己关注的焦点与他人关注焦点的不同，事实上他人并非时时刻刻都在注视你。相反，正因为每个人都在关注着自己的事情，所以很少有观察别人的兴趣和热情；所以我们不用过于担心别人的看法和评价。

4. 看到那个“心灵”的自己

外貌，是父母给的，是天生的，但是心灵完全可以由你自己来塑造。如果一个人拥有了美丽的心灵，同样可以产生一种魅力，放出吸引人的耀眼的光彩。心灵美是一种让人舒服并且愿意亲近的美，即使你有令人交口称赞的外貌，也应注意对心灵的滋养。

我们每个人都有两个自己：一个外在的、镜子中的自己，一个内在的、看不到摸不着、只能用心去体会的自己。好好完善内在的自己，你将成为一个自己喜欢、大家愿意相处的人。

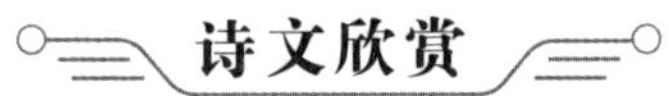

诗文欣赏

欣赏自己

也许你想成为太阳，可你却是一颗星辰；

也许你想成为大树，可你却是一株小草；

也许你想成为大河，可你却是一泓山溪。

于是你很自卑，很自卑的你总是以为命运在捉弄自己。

其实你不必这样：

欣赏别人的时候，一切都好；

审视自己的时候，却总是很糟。

你和别人一样，你也是一片风景，也有阳光，也有空气，也有寒来暑往，甚至有别人未曾听过的一阵虫鸣……

做不了太阳，就做星辰，在自己的星座发热、发光；

做不了大树，就做小草，以自己的绿色装点希望；

做不了伟人，就做实在的自我，平凡并不可悲，

关键是做最好的自己。

不必总是欣赏别人，也欣赏一下自己吧！

你会发现，天空一样高远，大地一样广大，自己和别人有不一样的活法。

欣赏自己，你会发现生活是如此美好；

欣赏自己，你会感受到命运的公正无私；

欣赏自己，你会体味到前进中的幸福快乐；

欣赏自己，你会把握好自己的人生；

欣赏自己，你会抵达成功的彼岸！

走向超越只有靠你自己。

通过本课的学习，你有哪些感悟和收获？想一想，记录下来。

第十课

学会爱自己

要认识自己、悦纳自己，还要学会好好爱自己。爱自己才能成长为一个健康、快乐、更好的自己，也才可以更好地爱我们的父母、老师、同学、朋友。你爱自己吗？你知道怎样以健康的方式爱自己吗？

暖身活动 写出五个你最爱的人

____

____

只有爱自己，才有能力去爱别人，才会获得别人的爱和尊重。只有爱自己，人生才是幸福、快乐、有意义的。你爱自己吗？

活动一 测一测

在括号里填上“是”或“否”，测一测你是否爱自己。

1. 你喜欢自己的长相吗？（　　）
2. 你经常锻炼吗？（　　）
3. 你生活有规律吗？（　　）
4. 你喜欢自己的个性吗？（　　）
5. 你是否想过提高自己？（　　）

6. 你规划过自己的人生吗？（　　）

7. 你是否注意自己的言行？（　　）

8. 你是否经常对自己发脾气？（　　）

9. 你有自责的毛病吗？（　　）

10. 你是否注意遵守社会规范？（　　）

11. 你习惯讨好别人吗？（　　）

其中，1、2、3、4、5、6、7、10题填写“是”各得1分，8、9、11题填写“否”各得1分。

你的分数越高说明你越爱自己。你得了多少分？你觉得你爱自己吗？

1. 哪些方面你做到了爱自己？

____

____

2. 哪些方面你没做到爱自己？

____

____

活动二 爱自己从现在做起

根据刚才的小测验，请同学们讨论一下：应从哪些方面去更好地爱自己呢？

____

____

____

活动三 爱上自己

聆听背景音乐《如诗般宁静》。想象此刻正面对镜子中的自己，跟自己进行对话，告诉自己：我喜欢你，无论你是什么样子，我都喜欢你！我会好好关心你，照顾你，原谅你曾经的错误，接受你的缺点。我愿意接受你并希望你越来越好……我爱你，谢谢你……

活动四 送给自己的礼物

爱自己，要接纳自己，还要允许自己活得好一点，做更优秀的自己。如果健康、知识、友谊、创意、毅力、自律、智慧等美好的事物和品质可以作为礼物，你希望送给自己哪些礼物呢？

1. 你愿意选择哪些礼物送给自己呢？

____

____

____

2. 你准备怎样获得这些礼物呢？

____

____

____

爱自己，接纳自己，照顾好自己，做更优秀的自己，你会越来越健康，越来越自信。

心海导航

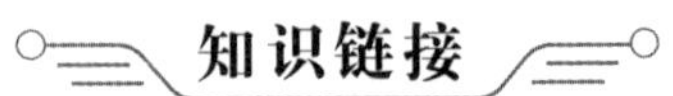

知识链接

八大智能

20世纪80年代，美国著名发展心理学家、哈佛大学教授霍华德·加德纳博士提出多元智能理论。30多年来该理论已经广泛应用于欧美国家和亚洲许多国家的教育上，并且获得了极大的成功。霍华德·加德纳博士指出，人类的智能是多元化而非单一的，主要是由语言智能、数学逻辑智能、空间智能、身体运动智能、音乐智能、人际智能、自我认知智能、自然认知智能八项组成。每个人都是多面的，每个人都拥有不同的智能优势组合。目前学校的评价标准主要是语言智能和数学逻辑智能两个方面。这种评价标准具有很大的局限性，使得一部分语言智能或数学逻辑智能水平较低的学生丧失了对学习的信心。我们应按照多元智能理论的基本思想，通过多种渠道、多种方式进行评价，找到适合自己智能特点的学习途径和发展方向。

八大智能测试（见下表）说明：行为与测试内容项最接近的得3分，其次得2分，以此类推，最后计算每个智能方向的总得分。得分高者，即为智能优势项。

八大智能测试

第一组　语言智能

序号	内　容	3	2	1	0
1	喜欢阅读各个种类的书籍				
2	对一件事情或书籍中的内容可以清晰地表述出来				
3	喜欢复述他人说话的内容				
4	外出时，对街上的文字充满好奇心				
5	对于生字、词语的学习相当快				
6	喜欢写东西，如日记、作文等				
7	看电视喜欢选择谈话类节目				
8	喜欢为他人解说事物的内容，如班级的注意事项等				

第二组　数学逻辑智能

序号	内　容	3	2	1	0
1	能够记住很多数字				
2	喜欢玩棋类游戏，如象棋、围棋、跳棋等				

续表

序号	内　容	3	2	1	0
3	懂得用推理的方式说明或分析事物				
4	清楚地记得自己有哪些玩具，种类、数量都能记在脑海里				
5	喜欢动手测量家中物品或摆设，包括重量、长度、体积等				
6	比别人容易找出事情的错误，尤其是逻辑性错误或因果错误				
7	能够很快将组合性玩具（积木、拼图等）组合完毕				
8	懂得运用技巧整理玩具，如由大而小、分门别类等				

第三组　音乐智能

序号	内　容	3	2	1	0
1	喜欢唱歌并能准确地辨别音调的高低、节奏的快慢等				
2	喜欢吹、奏乐器				
3	当听到熟悉的音乐时，会不自觉地手舞足蹈起来				
4	对难度较高的歌曲能演唱得很好				
5	听完一首曲子之后，能够很快记住大部分并哼唱出来				
6	在家中做自己的事情时，不自觉地哼唱				
7	喜欢将音乐运用于其他活动中，如演讲、戏剧表演等				
8	对多种音乐形式感兴趣，并愿意学习				

第四组　人际智能

序号	内　容	3	2	1	0
1	喜欢主动帮助他人解决问题				
2	喜欢接近人群，喜欢热闹				
3	喜欢参加团体活动，与他人互动良好				
4	遇到问题一般采取寻求他人协助的方法而非单独解决				
5	在团队中经常成为受他人欢迎的对象				

续表

序号	内　容	3	2	1	0
6	在别人有争端时，擅长扮演协调者的角色				
7	比较喜欢参加团体性的运动，如羽毛球、篮球等				
8	至少有三位相当好的朋友				

第五组　自我认知智能

序号	内　容	3	2	1	0
1	比较喜欢一个人工作、学习和玩耍				
2	较为沉默，但时常会提出很好的建议或见解				
3	不喜欢嘈杂的环境，喜欢静静地一个人想事情				
4	会自己设定一个目标，然后积极地设法完成它				
5	能够不间断地写日记，记下每天发生的事情				
6	能够清楚地知道自己的长处、短处在哪里				
7	懂得反省自己，并告诉自己不再犯同样的错				
8	经常陶醉在自己的兴趣中，不受干扰				

第六组　身体运动智能

序号	内　容	3	2	1	0
1	喜欢户外运动				
2	喜欢至少一项运动，并能经常练习				
3	喜欢触摸环境中的物品				
4	很难长时间坐着不动				
5	有冒险精神，凡事都喜欢尝试				
6	擅长动手制作东西，如捏泥人、缝纫、做木工等				
7	有良好的平衡感，四肢灵巧，擅长肢体模仿				
8	充满活力，与人沟通时常加上肢体动作				

第七组　空间智能

序号	内　容	3	2	1	0
1	具有方向感，能够很快辨别自己所在的位置				
2	对于色彩具有敏锐的觉察力				
3	喜欢随手涂涂画画				
4	喜欢使用图表、图片表达事物				
5	对于空间摆设、室内设计有独到的见解				
6	喜欢三维空间的游戏，如魔方、积木等				
7	喜欢使用地图、指南针等				
8	喜欢搜集相片、图画，并能够整理成册				

第八组　自然认知智能

序号	内　容	3	2	1	0
1	喜欢与植物花草接触				
2	喜欢搜集石头、叶子、动物标本等自然物品				
3	对自然现象有高度的兴趣，如闪电、日食、星星等				
4	喜欢观察动植物生长过程并会寻找资料进一步了解与研究				
5	喜欢接触大自然的活动，如爬山、步行、赏鸟等				
6	重视保护环境				
7	在家中喜欢修剪花木				
8	喜欢观察细微的自然物，如树叶的纹路、花瓣的形状等				

测试结果

组　别	对应智能	分　数
第一组	语言智能	
第二组	数学逻辑智能	
第三组	音乐智能	

续表

组　别	对应智能	分　数
第四组	人际智能	
第五组	自我认知智能	
第六组	身体运动智能	
第七组	空间智能	
第八组	自然认知智能	

方法指南

我们是自己的真正主人，我们没有理由不爱自己。我们要知道优点缺点都是属于自己的，无论是好的还是坏的，成功的还是失败的，有价值的还是无价值的，凡自身现实的一切都应该接受。接受不够好的、失败的自我是不情愿和痛苦的事情，但是每个人必须面对现实，面对这样的一个自己。这不是说要被那些不够好的、失败的现实征服打倒，而是要振作起来，激励自我，改善自我，发展自我。在生活和学习中，多发挥自己的长处，每天给自己一个美丽的笑脸，鼓励自己迎着困难前进。不要过多地批评自己，每个人都会改变。当你批评自己的时候，改变是消极的、负面的；当你赞扬自己的时候，改变是积极的、正向的。下面这些小方法也许可以帮你更好地接纳自己，爱自己。

1. 不要自我惊吓。不要自己吓唬自己，你想的未必是真实的；应找一个能为自己带来正能量的形象，当你感到害怕的时候，立刻让思路转到这个“快乐大师”身上。

2. 温和，善良，耐心。对自己温和些，给自己足够的耐心，用对待心爱之人的方式对待你自己。

3. 善待自己的心灵。自我怨恨等于否定自己所有的思想，不要为了别人的想法怨恨自己，应该慢慢地调整和改进。

4. 赞美自己。批评使人心情颓废，精神沮丧；赞扬让人精神饱满，士气高昂。应尽可能多地肯定自己，对自己充满信心。

5. 寻求支持。想办法支持自己，也可以向朋友伸出你的手，寻求给你支持的力量。主动求助不是懦弱。

6. 对自己宽容。宽容不是纵容。告诉自己，曾经犯下的错误是为了满足一种内在的需要。你要知道，我们的潜意识总是在做着“正确的选择”，虽然也许你不理解为何如此，而现在你正在通过新的更加积极的方式满足那种需要。所以，应用自己的爱消解曾经的错误。

7. 照顾好自己的身体。学习保健知识，坚持锻炼，珍惜你的身体。关照好自己的情绪，允许自己有情绪，但要学会把控它们，适度发泄，不要伤害自己和他人。

8. 镜子疗法。对着镜子注视自己，把对自己的爱明确表达出来。每天最少对自己说上一句：“我爱你，我真的爱你！”

爱自己，从现在开始，用你最好的方式。

感悟和收获

通过本课的学习，你有哪些感悟和收获？想一想，记录下来。

____

____

____

做情绪的主人之认识情绪

情绪像染色剂，可给我们的生活和学习染上各种各样的色彩；情绪也是催化剂，可以提高或是降低我们的学习和生活效率。如果不能合理、妥善地管理自己的情绪，我们的学习和生活会受到很大的干扰。你了解自己的情绪，善于觉察并认识自己的情绪吗？这节课就让我们一起来认识自己的情绪，迈出做情绪主人的第一步吧。

暖身活动 下雨了

活动规则：摩挲手掌表示“刮风”，打三个响指表示“小雨”，拍三下腿表示“中雨”，拍三下手掌表示“大雨”，跺三下脚表示“暴雨”。根据老师所说的内容做出相应的动作。

导语：天上布满乌云，然后刮起了风，下起了小雨，雨越下越大，小雨变成了中雨，中雨变成了大雨，大雨变成了暴雨。渐渐地暴雨变成了大雨，大雨变成中雨，中雨变成小雨，刮起微风，天晴了，太阳出来了。

讨论交流：天空有阴晴，有风雨，此刻你心情的天空是什么样的呢？

活动一 初识情绪

播放小视频《情绪调控大法》。

导语：小视频中曹操有哪些情绪？这些情绪对曹操产生了什么影响？

讨论交流：日常生活中情绪对我们的影响有哪些？

对生理的影响：____

____。

对心理的影响：____

____。

对行为的影响：____

____。

活动二 谁主宰了我们的情绪

一句话，四张脸，请试着演一演。

你这人真好啊！　　　　笑脸

你这人真好啊！　　　　难过

你这人真好啊！　　　　无所谓

你这人真好啊！　　　　愤怒

这个小活动让你想到了什么？是谁主宰了我们的情绪？

____

____

活动三 情绪感染圈

回想近段时间你经历的事情，例如受到老师表扬、被人误会、考试不理想、见到以前的好友、与人吵架、看见一只特别的小鸟等。你当时是什么样的感觉和心情？选择一件事，然后加上动作、表情、声音，向小组内的同学表达你当时的情绪；第二个同学以自己的方式配合动作、表情、声音来表达他在同一场景下的情绪状态；第三个同学、第四个同学，以此类推，直到所有小组成员都表达完。然后，换另一位同学选择一件事并表演自己当时的情绪，其他同学依次表现同样情景下自己的反应。

讨论分享：面对同一场景，同学们的情绪感觉一样吗？表达形式一样吗？

____

____

活动四 为情绪命名

1. 试着用下面的句式来描述你的情绪，然后为情绪命名，制作情绪卡。

当______________________（情景、时间），我觉得______________________（情绪），这种感觉像______________________（形象化）。

2. 把写好的情绪卡放在老师准备的“情绪珍藏罐”中。

每一种情绪都是心灵的使者。因为时间关系，这节课先把每位同学表达的情绪放在“情绪珍藏罐”中，下周再来看它们。爱自己从认真对待自己的情绪开始。

正确认识情绪，并学会合理地表达情绪，这是做情绪主人的第一步。

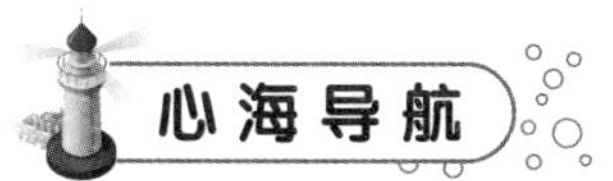

知识链接

认识情绪

情绪是指人对客观事物的态度体验，像喜悦和悲伤、快乐和痛苦、爱和恨等。情绪是内心奇妙的“窗口”，我们可以从情绪中觉察自己的内心，看到我们内在的需求，也可以观察别人的内心世界，理解他人。情绪又像是染色剂，可给我们的学习和生活染上各种各样的色彩。积极的情绪能给我们带来幸福、快乐的感受，消极的情绪会让我们感到苦闷和烦恼。消极情绪如果得不到觉察和调节的话，往往会给我们的身心健康带来影响。有人曾做过统计，有超过75%的躯体疾病是由心理因素引起的。

情绪没有好坏之分。无论是积极情绪还是消极情绪，都是我们内心世界的真实反映。即使是不愉快的情绪，也隐含着积极的因素：焦虑是希望尽快把事情做好，适度焦虑可以提高效率；害羞意味着我们希望受人欢迎；恐惧可以保护我们，提醒我们远离危险；难过可以告诉我们对一件事、一个人很在意；失望可以让我们审视自己的目标，调整方向和期待……心理学家说过这样一句话："每一种负性情绪的背后，都有一个没有被好好爱的自己。"

情绪是可以传染的。一个在工作中受了老板气的爸爸，回家后把不良情绪传染给了妈妈，然后妈妈传染给了女儿，女儿传染给了狗狗，最后狗狗咬了老板。情绪能够传染，试着不要把自己的负面情绪传递给别人，也要保护自己不被别人的负面情绪传染到。

情绪与健康息息相关。良好的情绪会增强人体对疾病的抵抗力，长期处于消极情绪中会诱发各种身心疾病，积极而稳定的情绪是健康的基石。

情绪影响学习效率。良好的情绪使大脑处于最佳活动状态，学习积极性与主动性会增强。相反，过度焦虑、烦恼等消极情绪会使人心神不宁，反应迟钝，学习效率会明显降低。

拓展阅读

青春期情绪的特点

步入青春期后，我们在身体上会有明显的变化，相较于生理上的迅速发展，心理上的发展相对缓慢滞后。生理上的成人感与心理上的半成熟之间的矛盾、自我封闭与依赖之间的矛盾，会造成情绪的波动起伏，让我们无法适应生理上的种种变化。身心发展的不平衡很容易造成各种心理矛盾，而这些矛盾最后都会以外在的形式表现出来，其中非常重要的一种就是情绪。青春期情绪通常有以下几个特点：

1. 波动性。我们有时会为一点小事而大发脾气，陈谷子烂芝麻的事儿也会被翻出来。我们认为很重要并有很大情绪波动的事，有时在父母眼里却是很平常的事。我们时而情绪高涨、热情洋溢，时而又会消极低沉、孤独压抑，而且这种高涨和低沉会反复出现，使我们时常处在矛盾的状态中。

2. 躁动性。随着身体的发育和第二性征的出现以及心智的不断发展成熟，我们的想法千奇百怪，会对性和异性好奇，并希望接近、了解异性。同时环境、舆论的限制和影响，又让我们感到压抑。这样一来，我们有时会表现出莫名的烦躁不安，不知道该如何解决自己的生理和心理问题，但又羞于向人吐露，害怕被别人洞察。越是如此，我们越是容易烦躁，久而久之会给生活和学习带来影响。

3. 反抗性。我们时常会有反抗情绪。有时反抗的态度表现为强硬的拒绝、坚决的反对，有时表现为冷战，有时则表现为转移话题或是迁怒于他人。这主要是因为在青春期，我们的自主意识不断觉醒，独立意识不断增强，我们渴望拥有独立的人格，但是我们的自主性却受到了老师和家长的“阻挠”。所以，我们希望通过自己的方式来进行反抗，强烈地表达自我意识，来宣布我们的成长。

4. 矛盾性。我们渴望父母的理解、关注，又反感他们的过度干涉；我们希望被支持，又想独立自主，不再依赖；我们需要交流内心的诸多想法、感受、波动的情绪、青春期的困惑，需要被聆听，但是我们又希望被尊重，希望维护一份属于自己的隐私权，不被随意指责、评价。内心拥有自己的秘密也正是一个人有了较为成熟自我的开始。

以上是这个年龄段群体的普遍特征，每个人都有其独特性，你可以参照以上几点来更好地了解自己的情绪，调控自己的情绪。

通过本课的学习，你有哪些感悟和收获？想一想，记录下来。

____

____

____

第十二课 做情绪的主人之与情绪共舞

积极情绪会增强人体抵抗力，使大脑处于活跃状态，学习的积极主动性会增强；消极情绪会诱发各种身心疾病，使人心神不宁，反应迟钝，学习效率明显降低。情绪是心灵送来的礼物，它告诉我们内在真正的需求。在认识情绪、合理表达情绪后，如何与情绪和谐共舞，使我们保持更好的学习与生活状态呢？

暖身活动 回想快乐

播放歌曲《你快乐吗》。全体同学围成圆圈，随着音乐往前缓缓走动，后面的同学为前面的同学捶捶背、捏捏肩，共同回想快乐的情绪体验。

活动一 开启情绪珍藏罐

把上节课写的情绪卡拿出来，在保护好同学隐私的情况下在班中读一读，然后自由分享以下问题：

1. 你对哪一份情绪卡最有感触？你想对这位同学说什么？
2. 为使同学保持良好的情绪状态，你有什么切实有效的方法？

____

活动二 情绪应对金点子

1. 以小组为单位，结合刚才同学们的发言及自己日常心得，搜集情绪应对金点子。

要求：（1）切实有效；（2）积极正向。

3. 小组推举代表在全班分享，将好的点子记下来。

____

____

活动三 方法推荐

一、正念情绪处理法

正念是目前国际上非常流行的一种很好的觉知情绪、管理情绪、降低压力的方法。我们一起来看看其中一种比较简单实用的方法，也许它对你会有所帮助。

STOP

S（stop）：停下来；

T（take breath）：体验呼吸；

O（observe）：观察感受（客观、如实、第三人的态度）；

P（proceed）：继续。

二、心情SPA：释放负面情绪，活在生命当下

播放背景音乐《心神合一》。

引导：

请大家找个最舒服的姿势坐好，全身心放松。放松以后，我希望你想象自己正沿着一条美丽的山间小道行走，高高的大树，蔚蓝的天空，飘浮的云朵，以及山上那些非常有趣的奇石。风吹在树叶上，小溪流淌，鸟儿鸣叫，太阳照射在你身上。我希望你想象自己背着一个很大的包，很沉很重，你越向前走，那个包就变得越来越沉重，那个包装满了不同种类的东西。

现在你来到一个非常陡的山坡，那个背包也更加沉重了，但是只有一小段距离就到山顶了。当你努力到达山顶时，你看到了一片非常大的草地，许多很漂亮的小草和花儿。你走在松软的草地上，观赏这些美景。在草地上你还可以看见一个非常大的、非常漂亮的热气球，它被一根粗大的绳索系在木桩上。

现在，请放下沉重的背包，那个沉重的“情绪包裹”你已经背了很久了。你准备好摆脱那些旧的、灰暗的情绪了吗？好，请你打开背包，在里面你会发现一些瓶瓶罐罐，装着所有压在你身上的负面情绪，现在慢慢把那些东西拿出来，一次只拿一件，然后放到热气球的大篮子里。你很高兴地发现，每丢一件东西，你的压抑就会减少一些。当你把最后一件扔进篮子里，篮子里已经装满了那些过度的负面情绪，现在请你解开绑着热气球的绳索放飞那个气球。然后你躺在柔软的草地上，看着它越飞越高，带着那些曾让你身负重荷的负面情绪飘向远方。你已经摆脱了那些负面情绪，它们再也不会来影响你的思维、心情和行为了。当气球完全消失时你可以深吸一口气，现在你可以真正享受自由、轻松和平静了，这种自由感、舒服感和幸福感会一直停留在你体内……好，当我从5数到1的时候，请你试着睁开眼睛。

情绪是内心的使者，它带着心灵深处的消息。我们只有重视它，尊重它，了解它，做它的主人，而不是被它驾驭，我们才能以更好的状态学习、生活。

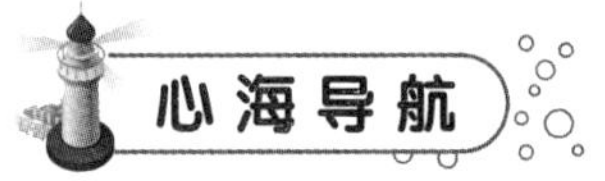

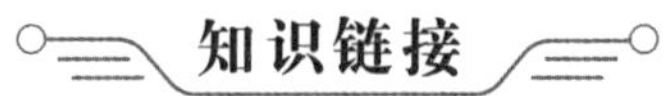

冰山理论

维琴尼亚·萨提亚（Virginia Satir）是美国最具影响力的首席心理治疗大师，冰山理论是其理论中非常重要的一点。她用了一个非常形象的比喻——这就像一座漂浮在水面上的巨大冰山，能够被外界看到的行为表现或应对方式只是露在水面上很小的一部分，大约只有八分之一，另外的八分之七则藏在水

底。暗藏在水面之下更大的山体，就是长期压抑并被我们忽略的“内在”。揭开冰山的秘密，我们会看到生命中的渴望、期待、观念和感受，看到真正的自我，也会知道我们为何会有各种各样的情绪，并会从心底去接纳、包容、善待我们的情绪。

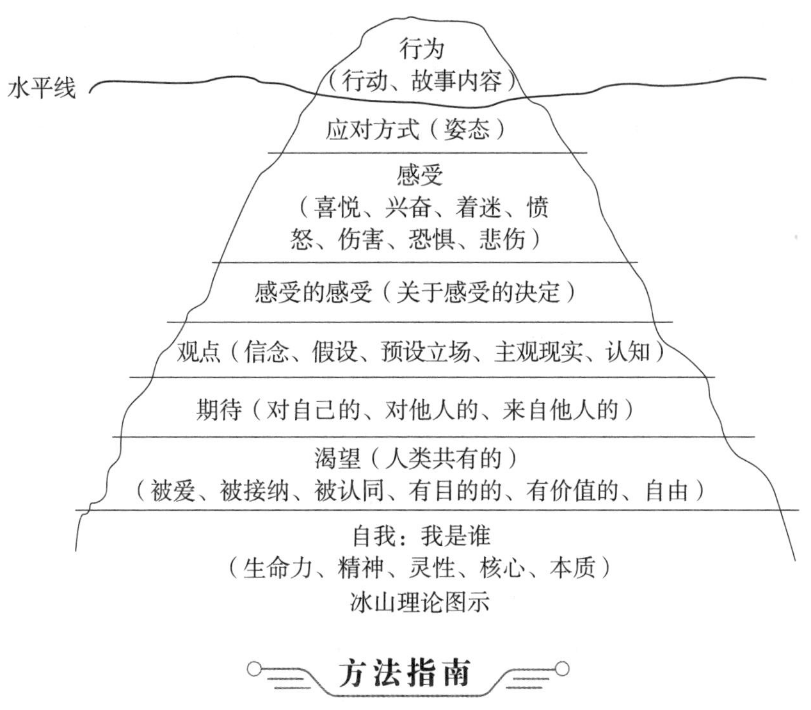

冰山理论图示

方法指南

解读艾利斯“ABC情绪理论”

有一个大家都非常熟悉的故事：有两个秀才一起去赶考，路上他们遇到了一支出殡的队伍。看到那一口黑乎乎的棺材，其中一个秀才心里立即凉了半截，心想：完了，真触霉头，赶考的日子居然碰到这个晦气的棺材。于是，心情一落千丈，走进考场，那个“黑乎乎的棺材”一直挥之不去，文思枯竭，最终名落孙山。另一个秀才也看到了那口棺材，一开始心里也“咯噔”了一下，但转念一想：棺材，噢，那不就是有“官”又有“财”吗？好，好兆头，看来今年我要鸿运当头了，一定高中！于是，他十分兴奋，情绪高涨，走进考场，文思如泉涌，果然一举高中。回到家里，两人都对家人说：那“棺材”真的好灵！

为什么两个秀才看到了同样的棺材，却产生了不一样的情绪而导致了不一样的结果？这可以用“ABC情绪理论”来解释。

心理学家艾利斯有一个著名的“ABC情绪理论”。艾利斯认为：人的情绪不是由某一诱发性事件的本身所引起，而是由经历了这一事件的人对这一事件的解释和评价所引起的。这就成了“ABC情绪理论”的基本观点。在此理论模式中，“A”指诱发性事件，“B”指个体在遇到诱发事件之后相应而生的信念——他对这一事件的看法、解释和评价，“C”指特定情境下个体的情绪及行为的结果。

通常人们会认为，人的情绪和行为反应是直接由诱发性事件“A”引起的，即“A”引起了“C”。比如人们会认为：“我太生气了，因为我弟弟没经过我同意就拿了我的东西。”“我这几天心情很差，因为前几天跟老板吵架了。”也就是说，他们认为“生气”“心情差”是直接由“弟弟没经同意就拿了东西”“跟老板吵架”引起的。

“ABC情绪理论”则指出，诱发性事件“A”只是引起情绪及行为反应的间接原因，而人们对诱发性事件所持的信念、看法、解释“B”才是引起人的情绪及行为反应的更直接的原因。在以上事件中，如果“我”认为“弟弟没经过我同意拿了我的东西，是不尊重我，弟弟是不可以不尊重哥哥的”，“和老板吵架可能会导致什么不好的后果，或就是领导在找我茬，看我不顺眼，欺负我”，那么“我”一定会很生气。如果“我”认为“弟弟没经过我同意拿了我的东西，只是弟弟和我比较亲近，而且弟弟又很小，不知道哥哥的东西不能随便乱拿”，“和老板吵架也只是由于每个人观点不同，而且领导跟我争吵也不过是希望我把工作做得更好一点”，那“我”还会生气吗？

有些事情发生了，我们可能无法去掌控，去更改，但是我们可以选择怎样去认识、看待这些事情。按照艾利斯的理论，决定感受“C”的不是事件“A”，而是对事件的认识“B”。那么当我们改变了对事件的认识，也就改变了我们的情绪和行为反应，我们就会成为自己情绪和行为的主人，而不是让情绪来掌控我们。

通过本课的学习，你有哪些感悟和收获？想一想，记录下来。

第十三课 时间都去哪儿了

2014年春晚，一首感人至深的歌曲《时间都去哪儿了》红遍全国，歌词中对时间流逝的感叹、对过往时光的反思和追问打动了很多人。德国哲学家叔本华曾说过："普通人只想到如何度过时间，有才能的人设法利用时间。"时间它不因你而来，又总是自顾而去。同学们，你们曾因时光流逝而困惑过吗？曾因生活中不能合理利用时间而苦恼过吗？今天我们一起来探讨时间管理的秘密，学做惜时善用的人。

暖身活动 猜谜语

世界上有一家奇怪的银行，它给每个人都开了个账户，账户每天进账1 440，每晚12点账户清零，不能余额记账，不能预支、超支。请问：这家银行每天给我们的是什么？你是怎样猜出来的？这让你想到了什么？

活动一 一分钟

1. 一分钟可以鼓掌多少次？可以写多少个字？试试看。

____

____

2. 一分钟还可以做什么？

3. 我们说人生百年，若按一百年计算，我们一生有多少分钟？

活动二 时间生命线

每人一张纸条，分为10等份，每份代表10年，请同学们写上时间刻度。

导语：时间是生命的组成部分，是一种宝贵的资源。我们经常说，光阴似箭、转瞬即逝、一刻千金、日月如梭、时不我待、只争朝夕……当这些词出现在脑海里时，你是否有紧迫的感觉？下面看看我们的“生命线”，看看是不是真的有那么多时间来供我们做想做的事情。

活动：请同学们跟着老师的引导一起来做，并认真地体会。

你现在多大？过去的时光一去不复返，不管你是很充实很无悔地度过了，还是你觉得虚度了许多，它都不会再回来。请把过去的年份撕去。

我们总会退休，退休后还可以做事情，但是可能不会再有那么充沛的精力、体力来做你想做的事情。你打算多少岁退休？请把退休后那部分撕下来。

我们知道，青少年每天需要睡眠8小时才能保证白天良好的精神状态，这就占到了所有时间的三分之一。请把睡觉的时间撕下来。

看着越来越短的纸条、越来越少的可用时间，你心里什么感觉？还有，我们每天吃饭、处理个人卫生等等，这又占去多少时间呢？如果我们每天发呆5分钟，那么一年就是1 825分钟，这又要撕掉多少时间呢？看看手里的纸条还剩下多少，握着这些“剩下的时间”，你的感受是什么？

活动三 “时间捕快”

下面的圆形代表了你一天24个小时（两个小时一格），它像个圆圆的馅饼，但是这个馅饼有些部分被偷走了，从清晨的赖床中，走路的磨蹭中，无聊的等待中，做决定的犹豫中，无所事事的发呆中，痴迷的游戏中……将你一天的时间分配填进去，把被偷走的、被绑架的时间找回来吧。管理好时间，可使你的生活变得既充实又有条理。

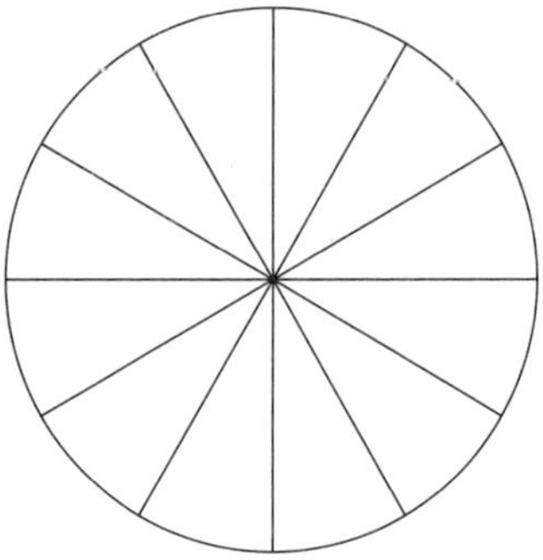

交流分享：你的“时间捕快”找到了哪些被偷走的时间？你准备怎样管理时间？

____

____

活动四 时间管理ABC

请根据自己的实际情况列出自己合理安排时间的方法，在小组内讨论分享，并推举一名代表汇总后在班级中分享。大家一起来寻找并相互借鉴合理安排时间的方法。

____

____

方法指南

时间管理四象限

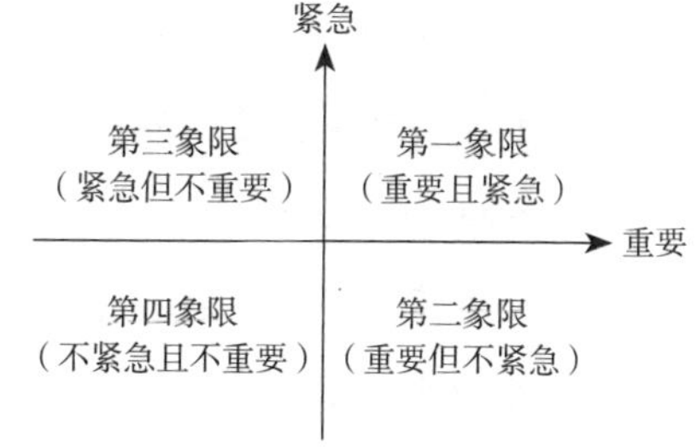

第一象限：重要而且紧急。如每天的作业或者考前的复习等，这些事情必须马上去做。

第二象限：重要但不紧急。如阅读与学业有关的书籍、锻炼身体、放松等，对待这个象限的事情，要做一份时间计划表。

第三象限：紧急但不重要。如借同学的光盘明天必须归还，可你还没看完。你可以思考：如何尽量减少第三象限的事务？

第四象限：不紧急而且不重要。如看无聊的电视节目、打游戏等，这个象限的事情是用来打发时间的。如果过多地沉迷于其中，大量的时间就会被消耗掉。你可以思考：是否有必要让这个象限的事情占据我们太多的时间？

我们在学习生活中，要先做第一象限的事情，后做第二象限的事情，少做第三象限的事情，尽量不做第四象限的事情。如果你将自己的时间按照上面的方法去规划，那就可以有效地利用时间了。

拓展阅读

柳比歇夫时间管理法

柳比歇夫是苏联的昆虫学家、数学家、哲学家，他一生的成就可以说是惊人的。他共发表70多部著作，业余时间还写过不少科学回忆录以及各种各样的论文。除此之外，他还用数学方法来研究生物分类学。

所有有成就的人都是善于管理时间的人，柳比歇夫也不例外。他26岁时

独创了一种时间管理方法，这种方法建立在数学统计学基础之上，重点是对时间花费进行记录并分析，使人们正确认识自己的时间使用状况，养成管理时间的习惯。具体步骤如下：① 记录。准确记录每个事件的时间花费（如开会、科研、社会工作、附加工作、回信、休息、刮胡子等）。② 统计。对时间花费情况进行统计和分析，看看用于开会、听报告、检查工作、调查研究、走访用户、读书看报等项目的时间比例有多大，并绘成图表。③ 分析。对照工作效率，分析时间花费情况，找出浪费时间的因素，包括做了不该做的事、做了本该由别人做的事、做了浪费别人时间的事、犯了重复的错误、开会时间过长等。④ 反馈。根据分析结果，制订消除时间浪费的计划，并反馈于下一阶段。简单地说，柳比歇夫时间管理法就是记录、分析时间、消除时间浪费和重新安排时间。他从1916年初开始使用这一方法，直至1972年去世，在这期间他不断完善，56年如一日。他说："工作中所有的间歇都要去除，我计算的纯时间要比毛时间少得多，纯时间是指你真正用在工作上的时间。"

柳比歇夫提出的"纯时间"概念就是时间管理的关键所在。我们的纯学习时间太少，比如，下午第一节是地理课，一共45分钟，你先迷糊了5分钟，之后认真听课30分钟，快下课时又走神10分钟。这样，你这节课的毛学习时间是45分钟，而纯学习时间只有30分钟。

请大家对照这个方法，算算自己的纯学习时间。你们会发现，大多数人并没有充分利用时间，而是在假珍惜时间。这也不奇怪，为什么很多时候自己看起来都在忙忙碌碌地学习，却总是感觉什么都没学到。问题在于毛学习时间虽然多，但真正的纯学习时间少，时间利用率低，因此要学会增加纯学习时间。

参照柳比歇夫时间管理方法，我们一起来审视一下自己的时间清单吧！

从现在开始，请试着像柳比歇夫那样给时间做个明细账，详细地记录自己的时间花费，包括起床、洗漱、上学路上、上课、吃饭、午休、打电话、刷微信、体育运动、睡觉等等，并对使用效果进行评价。

时间清单

________月________日　　星期________

事件	所用时间	评价（包含完成效果、原因）

感悟和收获

通过本课的学习，你有哪些感悟和收获？想一想，记录下来。

____

____

____

我的未来不是梦

有人说：有规划的人生叫蓝图，没规划的人生叫拼图。还有人说：如果你的目标是天上的星星，它即使降一降也要比树高。人生若没有目标，我们内心的力量就会失去方向，漫无目的地游荡终会迷路，内心那座珍贵的金矿也会因不开采而沉睡地下。理想是我们对未来事物的美好憧憬与希望，为了理想我们要制订明确具体的目标。这堂课就让我们一起来憧憬、规划我们的人生，并树立人生的目标吧。

暖身活动 金鸡独立

第一次，全体同学闭上眼睛单脚站立；第二次，睁开眼睛选定一个目标盯住，然后单脚站立。两次都由老师计时，然后请同学们谈谈感受：哪一次坚持起来容易些？为什么？

活动一 故事阅读

哈佛大学曾对一群智力、学历、环境等客观条件都差不多的年轻人做过一个长达25年的跟踪调查，调查内容为目标对人生的影响。

调查发现：

27%的人没有目标，60%的人目标模糊，10%的人有清晰但比较短期的目标，3%的人有清晰且长期的目标。

25年后，这些调查对象的生活状况如下：

3%有清晰且长远目标的人，25年来几乎都不曾更改过自己的人生目标，并为实现目标做着不懈的努力。25年后，他们几乎都成了社会各界顶尖的成功人士，他们中不乏白手创业者、行业领袖、社会精英。

10%有清晰短期目标的人，大都生活在社会的中上层。他们的共同特征是：那些短期目标不断得以实现，生活水平稳步上升，成为各行各业不可或缺的专业人士，如医生、律师、工程师、高级主管等。

60%目标模糊的人，几乎都生活在社会的中下层，能安稳地工作与生活，但都没有什么特别的成绩。

余下27%没有目标的人，几乎都生活在社会的最底层，生活状况很不如意，经常处于失业状态，靠社会救济，并且时常埋怨命运，抱怨他人，抱怨社会。

感悟分享：读了这个故事，你想到了什么？目标对人生的影响和作用是怎样的？你有自己的人生目标吗？你希望25年后的自己是什么样子？

____

____

活动二 人生水晶球

播放背景音乐《如诗般宁静》，全体同学放松，在老师引导下想象。

1. 25年后的你是什么模样？在哪里生活？从事什么样的工作？生活水平如何？心情怎么样？

2. 如果上一题的假设是真的，那么七八年后的你应该是什么样子？在哪里生活？在上学还是在工作？如果在上学，会在哪所大学学什么专业？感觉怎样？如果在工作，在从事什么领域的工作？生活怎样？心情怎样？

____

____

活动三 目标金字塔

有了自己的人生目标，知道自己25年后想成为一个什么样的人，这是一个长远的目标。在这长远目标指引之下，你的中期目标、短期目标、近期目标又是什么呢?

活动四 目标规划

确立了长远目标、中期目标、短期目标、近期目标后，来规划一下自己实现目标的每一步吧。要实现这些目标，你有什么样的资源?还需要做哪些方面的努力?

25年后的我：____；

10年后的我：____；

大学的我：____；

高中的我：____；

初三的我：____；

初二的我：____；

本学期期末的我：____；

本学期期中的我：____；

我现有的资源：____；

我还需要做的努力：____。

如果你知道要去哪里，全世界都会为你让路!

方法指南

快速达成目标的九大步骤

第一步，决定要成功，对自己许下承诺。

第二步，写下已量化的有效目标，并列出十个以上要实现它的理由，包括实现它有什么好处，不能实现它有什么坏处。

第三步，制订计划，分解目标，倒推至今天，设定时间表。

第四步，列出所有必要条件和次要条件，注明解决办法。

第五步，告诉自己要实现什么目标，就必须变成什么样的人。

第六步，运用潜意识的力量，正面自我暗示，永远积极思考。

第七步，行动第一，立即行动，大量行动。三流的创意和一流的行动力，胜过一流的创意和三流的行动力。

第八步，每天睡觉前自我检讨，衡量进度，并做积极修正。

第九步，坚持到底，永不放弃，直到成功。

拓展阅读

五年后你希望自己在做什么

凡内芮知道我对音乐的执着。然而，面对那遥远的音乐界及整个美国陌生的唱片市场，我们一点渠道都没有。此时，我们两个人坐在德州的乡下，我们哪知道下一步该如何走。突然间，她冒出一句话："想象你五年后在做什么？"

我愣了一下，她转过身来，手指着我

说："嘿！告诉我，你最希望五年后的你在做什么，你那个时候的生活是一个什么样子。"

我还来不及回答，她又抢着说："别急，你先仔细想想，完全想好，确定后再说出来。"

我沉思了几分钟，开始告诉她："第一，五年后我希望能有一张很受欢迎的唱片在市场上发行，可以得到许多人的肯定；第二，我要住在一个有很多很多音乐的地方，能天天与一些世界一流的乐师一起工作。"

凡内芮说："你确定了吗？"

我慢慢稳稳地点头。

凡内芮接着说：

"好，既然你确定了，我们就把这个目标倒算回来。如果第五年你要有一张唱片在市场上发行，那么你的第四年一定是要跟一家唱片公司签合约。

"那么你的第三年一定要有一个完整的作品可以拿给很多很多的唱片公司，对不对?

"那么你的第二年，一定要有很棒的作品开始录音了。

"那么你的第一年，就一定要把你所有要准备录音的作品全部编曲，排练并且准备好。

"那么你的第六个月，就是要把那些没有完成的作品修饰好，然后让自己可以逐一筛选。

"那么你的第一个月就是要把目前的这几首曲子完工。

"那么你的第一个礼拜就是要先列出一整个清单，排出哪些曲子需要修改，哪些需要完工。

"好了，我们现在不就已经知道你下个星期一要做什么了吗?

"喔，对了。你还说你五年后，要生活在一个有很多音乐的地方，然后与许多一流乐师一起忙着创作，对吗？"

她急忙地补充说："如果你的第五年已经在与这些人一起工作，那么你的第四年照道理应该有你自己的一个工作室或者录音室，那么你的第三年可能是先跟这个圈子里的人在一起工作，那么你的第二年应该是已经住在纽约或是洛

杉矶了。”

次年，我辞掉了令许多人羡慕的太空总署的工作，离开了休斯敦，搬到洛杉矶。

说也奇怪，不敢说恰好五年，但大约可以说是第六年，1983年，我的唱片在亚洲开始畅销起来，我几乎天天忙着与一些顶尖的音乐高手一起工作。

每当我在最困惑的时候，我会静下来问我自己：“五年后你最希望看到自己在做什么？”

如果，你自己都不知道这个答案的话，你又如何要求别人或上帝为你做选择或开路呢？

别忘了，在生命中，上帝已经把所有选择的权利交在我们的手上了。

如果你经常问“为什么会这样？为什么会那样？”你不妨试着先问一下自己，你是否“清清楚楚”地知道你自己要的是什么。

感悟和收获

通过本课的学习，你有哪些感悟和收获？想一想，记录下来。

____

____

____

友谊之花

在人生的道路上我们会有痛苦和迷茫，会有灰暗的日子，此时倘若有要好的朋友在身边关心我们、支持我们，我们就不会孤单，就会重新振作起来，继续前行。在快乐的日子里有朋友相互分享，那快乐会翻倍；在孤单的日子里有朋友的陪伴，便有了生动的光辉。友情如成长道路上的花朵，这节课我们就一起敞开心扉来聊聊“朋友”这个话题吧。

暖身活动 疾风劲草

活动规则：

1. 每排同学从前往后两两互为搭档（个子差别大的同学可调换一下），前边的同学做“草”，后边的同学做“风”。

2. “草”站于“风”的前方约30厘米处，背对着“风”笔直站立，双臂交叉抱于胸前；“风”弓步，双手伸出，手掌竖立。

3. “草”准备好后，大声问：“我准备好了，你准备好了吗？”

4. “风”大声回答：“准备好了，请相信我！”

5. “草”和“风”共同说“1、2、3”，“草”勇敢地倒向“风”，由“风”用双手接住，并慢慢推回到站立位置。倒三次后，“风”“草”互换位置与角色。

相识之初我们做过这个活动，现在再来做，大家又有了什么样的感受呢？半年多的相处，相信友情的种子已在你跟同学间生根、发芽、开花，你感受到什么样的特质会让我们的友谊之花开得美丽灿烂呢？

活动一 友谊之花

一、我们喜欢的朋友

1. 尊重他人；
2. 富有爱心，关心他人，相互支持；
3. 积极主动，待人热情；
4. 待人真诚，不欺骗，能为朋友严守秘密；
5. 有幽默感，但不尖酸刻薄，不挖苦别人；
6. 谦虚，不固执，能耐心倾听别人说话，并接受别人的一些意见；
7. 有礼貌，待人大方得体；
8. 热心班级集体活动，工作认真，珍惜集体荣誉；
9. 宽容，理解；
10. 不以自我为中心。

以上哪一点你比较有感触？你还觉得哪些品质比较重要？大家一起来补充吧。

____

____

二、我们不喜欢的朋友

1. 只关心自己，不为别人考虑，不帮助别人；
2. 有较强的妒忌心；
3. 把自己置身于集体之外，对班级缺乏荣誉感和责任心；
4. 冷漠，孤僻，寡言；
5. 气量小，与人相处时显得过分敏感；

6. 虚伪，做作，爱吹毛求疵；

7. 不尊重他人，喜欢指使和支配人；

8. 自大，骄傲，轻视他人；

9. 固执己见，容不得别人提出不同看法；

10. 爱搞恶作剧，常常捉弄和欺负他人。

以上哪一点你深有感触？还有什么样的特质是大家所不喜欢的？

____

____

活动二 从“我”到“我们”

我们收集起以上友谊的美丽花瓣，就具备了友情的美好特质，就为友谊打下了坚实的基础；但是从“我”到“我们”，从花瓣到拼成花朵，还需要用心。

我说你画：选择一名同学把看到的图画描述出来，全班同学根据描述画图。第一次描述时，不能提问交流；第二次描述时，同学们可就有疑惑、不够清晰的地方跟描述人交流，看看哪一次最贴近原图。

讨论分享：在这个活动中，你的感受是什么？关于友谊你又想到了什么呢？

____

____

活动三 友情不捆绑

从“我”到“我们”，从花瓣到花朵，朋友之间需要相互理解、支持、陪伴；但在生活中有些状况也会让人纠结，朋友之间也需要一些规则。

活动主题：两人三足

活动规则：选取两组同学，一组同学将脚绑成两人三足状，一组同学只伴行不捆绑，然后两组同学从前往后依次跟两边的同学握手，看哪一组行动

快。其他同学一起加油鼓掌。

讨论分享：

1. 请两组同学分别谈谈比赛过程中的感受。

2. 这个游戏让你想到了什么？

3. 友情不“捆绑”，哪些方面朋友之间不能“捆绑”？

4. 朋友之间还需注意哪些呢？

活动四 快乐分享

播放背景音乐《朋友》。

经过这一堂课，你有哪些收获和体验？想对你的朋友说些什么？是祝福、感谢，还是歉意？写一张心语卡，送给你的朋友吧。

友情是开在成长路上的美丽花朵，愿我们相互理解、支持、陪伴，走过青春这段最美好的岁月。

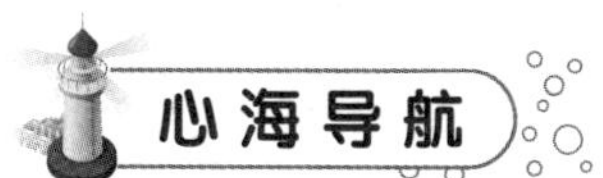

知识链接

五种沟通姿态

讨好型：最大的特点是不敢说“不”，凡事“同意”。总感觉要去迎合别人，活得很累，不快乐。讨好型的沟通特征是把自己缩小了，把周围人放大了，心里不愿意也说“是”。

责备型：凡事容易不满意，指责他人错误，倾向于认为自己正确。这种类型的人经常让人感觉不舒服，最常说的句型是：为什么你总是……也许在成长中有个亲近的人一直这样对待他，对待身边的人，于是自己就慢慢学会了吧。

电脑型：平时说话很有道理，但是缺乏情感投入，与人之间有距离感。这种类型的人似乎永远正确，但是大家却不愿靠近。

打岔型：说话常常不切题，对别人所说所做都抓不住重点，自己觉得没趣，别人也不是很欢迎。

表里一致型：坦诚沟通，双方都感觉舒服，彼此不会感到有压力，也不需要去自我保护。表里如一型的特征是内心的感觉、想法和嘴里说的一致，表情和姿态、动作一致。

方法指南

赞美的艺术

人需要赞美和认可，每个人身上也都有值得欣赏赞美的地方。从心理的角度来讲，人们总是倾向于喜欢喜欢自己的人。朋友之间真诚的赞美，可以使友谊之花开得更灿烂更持久，但并不是所有的赞美都恰当，赞美也需要技巧。

1. 赞美要真诚。赞美别人首先要真诚，发自内心，让别人切实感受到你的诚意。赞扬的话要实在，如果一个女孩长相一般，你却对她说“你真是美若天仙”，就会弄巧成拙；同时，应养成第一时间给别人以肯定的习惯，不要在有事求人时才知道赞美别人，太过功利的赞美会让人怀疑和不屑。

2. 赞美要得体。具体的赞美较之抽象的赞美听起来更加真诚友好，对于不熟悉的人尤其如此。举个例子，当你觉得同桌作文写得很好时，说“你真是个了不起的作家”就不如说“这个故事真不错”，更加具体地说“这个故事的结尾很妙”会更好。

3. 赞美不仅要锦上添花，更要雪中送炭。俗话说“患难见真情”，当一个人身处逆境时，他不太容易听得到赞美的话语。这个时候如鼓励他，不仅可以使他振作精神，还可以大大增加彼此的友谊。

4. 经常对别人说“谢谢”。感谢他人，实际上就是你对他人所做事情及其人格的赞美。感谢应不分巨细，寻找感谢的机会并将你的谢意表达出来，你会发现，人与人之间充满温馨。

5. 赞美还可以用间接含蓄的方式表达，可以运用眼神、动作、态度等非语言形式向对方暗示。比如，就一问题诚恳地请教别人，十分认真地倾听某人

的谈话等。有时候，我们还可以通过转述别人的话“某某觉得你……”来赞美对方，这样双方会感到更自然。

当然一切赞美应是自然而为，不要过于刻意，也不要刻意迎合别人，让自己过于不舒服。

感悟和收获

通过本课的学习，你有哪些感悟和收获？想一想，记录下来。

第十六课 走近父母

父母给予我们生命，是我们安全的港湾。无论是牙牙学语，还是蹒跚学步，无不渗透着父母的关怀和爱。然而当我们从一个懵懂的孩子长成意气风发的少年时，我们开始厌烦父母的唠叨和不理解，我们认为父母的关心徒增我们的压力和烦恼。我们虽然爱父母，但时常和他们对着干，让他们伤心。这是为什么呢？如何才能走近父母，与他们和谐相处？这节课我们就来共同探讨一下吧。

暖身活动 小调查

1. 爸爸的生日是________________；

2. 妈妈的生日是________________；

3. 爸爸的爱好是________________________，身高和体重是__________________________，最喜欢吃______________________；

4. 妈妈的爱好是________________，喜欢的颜色是________________，喜欢吃______________________________；

5. 爸爸妈妈对你的期望是____。

你对爸爸妈妈了解多少呢？由此你想到了什么？

____

____

活动一 走近父母

这一刻也许你会发现自己对父母的了解有些不够，那么在心底，你对父母是一种什么样的感觉？也许你的内心并不像你认为的那样，借助下面的体验来看一看吧。

播放背景音乐《如诗般宁静》。

请同学们放松，闭上眼睛，想象在你面前站着自己的爸爸妈妈，他们离你有段距离，看看这时爸妈的样子，试试自己能不能靠近他们，并慢慢感受：你在行进过程中是轻松还是紧张？你的心情是难过还是愉悦？在适当的位置你可以停下脚步，去看爸爸妈妈，并对他们说出此时你最想说的话，然后静静听父母可能会对你说的话，看看父母此时的样子，感受自己此时的心情。

活动二 爱的天平

每位同学回忆过去的半年内自己为父母及父母为自己做过的几件事，分别写在小纸条上。小组内交流讨论并汇总，然后选出最让人感动的10件事写在“爱的天平”的两端。你会发现什么？有什么感想？

我为父母做的5件事	父母为我做的5件事
______________________	______________________
______________________	______________________
______________________	______________________
______________________	______________________
______________________	______________________

爱的天平

活动三 爱与沟通

阅读下面的故事，然后一起来交流。

剪短了的裤子

美国幽默大师马克·吐温要去一所大学演讲。在演讲前的晚上，他发现新做的裤子右腿短了一小截，但此时裁缝铺早已关门，看来第二天只能凑合着穿了。这种状况被他的妈妈、妻子和女儿看在了眼里。深夜，马克·吐温已经睡着，但他的妈妈、妻子和女儿却怎么也睡不着，她们都深爱着马克·吐温，惦记着他那条短腿裤子。于是半夜里妈妈为了不吵醒别人，悄悄地爬起来，摸黑找到了那条裤子，剪了剪，缝了缝，然后满意地睡觉去了。过了一会儿，妻子也起来摸黑剪短了左裤脚。又过了一会儿，马克·吐温的女儿也起来了，她很爱爸爸，不想让爸爸穿着不合适的裤子去演讲，于是她也像奶奶、妈妈一样，偷偷剪短了那条裤子的左裤脚。

第二天早上，妈妈、妻子和女儿很高兴地看着马克·吐温穿上裤子，但是她们全都呆住了，因为他们看到左边的裤腿短了一大截。马克·吐温也愣住了，当他知道了事情的原委后，爽朗地笑了起来，并穿着这条裤子去了会场。到场后他还没开始说话全场就爆笑如雷，但是大师很镇定地开始了当天的演讲，他将演讲的题目即兴修改为“爱与沟通”。

交流讨论：

父母平时常以什么样的方式表达对你的爱呢？你喜欢这样的表达方式吗？

如果你喜欢父母的表达方式，你是怎样去回应的？表达过感谢吗？如果不喜欢，你跟他们沟通过吗？

在大家的分享中你明白了什么道理？

父母经历过的生活与我们有太多不同，所以彼此有时不能理解也正常。有时我们内心想的和外在说的、做的不是也不一致吗？此外，所有人都会犯错误，我们的父母不是神，自然也不例外。我们的父母在陪伴或是教育我们

的过程中，有些不恰当的甚至错误的方式也正常。请记住马克·吐温的演讲主题——“爱与沟通”。

活动四 如果我是父母

爱需要沟通，我们的期望也需要告诉爸爸妈妈。下面请大家想一想：如果我们现在站在父母的位置上，会怎样期待孩子？会怎样对待孩子？

我期望孩子在健康方面________________，在学业上_______________，在生活中____________________，将来在事业方面____________________。

我欣慰的是_________________，我有些担心的是__________________。

当我情绪不好时，我希望我的孩子_______________________________。

当我比较累的时候，我希望我的孩子_____________________________。

当我想跟他沟通时，我希望我的孩子_____________________________。

当孩子逆反顶撞时，我会_______________________________________。

当孩子嫌我唠叨时，我会_______________________________________。

当孩子想表达自己的主张时，我会_______________________________。

当孩子有自己的兴趣爱好时，我会_______________________________。

当____________________时，我会_______________________________。

当____________________时，我会_______________________________。

当____________________时，我会_______________________________。

交流讨论：

家是爱的港湾，当然爱的方式有时也可能伤人。站在我们的角度上，如何去做可以使我们的家多一些爱，多一些和谐呢？落叶在空中盘旋，是对大树滋养的感恩；白云在蓝天飘荡，是对天空怀抱的感激。我们该怎样表达对父母的情感？

心海导航

方法指南

如何跟父母更好相处

尽管我们与父母有着不可分割的血缘关系，但是由于我们和父母的年龄不同，生活经历以及在家庭和社会中的角色不同，我们和父母对事物的看法也不同，因此就形成了“代沟”，产生了各种矛盾和冲突，影响了温馨和谐的家庭环境和氛围。那么，应该怎样和父母更好地相处呢?

第一，理解父母。在青春期，我们渴望独立，希望自己做主，但是父母会有他们的经验，他们在社会上亲身体验过一些我们所没经历过的事情，知道人生的诸多不易。同时，如果父母对自己的人生不是很满意，他们会本着爱孩子的心，希望孩子将来能过上比自己好的生活。有人说：孩子想要一个快乐的童年，而父母却想给孩子一个没有风险的未来，父母和孩子之间的矛盾冲突便产生了。当我们了解到这些后，是不是对他们的一些约束、一些唠叨有了新的认识呢?

第二，尊重父母。学会尊重父母，试着去理解他们行为背后的苦心。你可以表达自己的意见、观点和感受，但是不要顶撞他们。对于父母的话耐心聆听，虽然他们的话不一定全对，但是他们一定有他们的道理；当父母不能满足自己的要求时要给予谅解，他们一定有他们的思考或难处；当父母心情不好时，要试着去理解安慰他们。要知道父母在社会、家庭中承受了很大的压力，他们也有脆弱的时候。

第三，感恩父母。“谁言寸草心，报得三春晖。”在我们的成长过程中，父母给了我们生命，是我们的生命之源。无论是在物质上还是心理上，只要能够做到，他们总是努力去爱我们，为我们提供足够好的条件。感恩是学会生活自理，按时起床、学习、休息，合理安排时间，减少父母的负担；感恩是努力学习，锻炼身体，精神状态积极向上，让他们欣慰；感恩是学习之余，力所能

及地做点家务，减少他们生活的负担。感恩，会使家庭充满爱与和谐。

第四，尝试跟父母沟通。随着时间流逝，尽管父母无微不至照顾我们的记忆会渐渐消散，长大后的我们和父母之间难免会产生一些隔阂和误会，但是有些东西是不会变的。我们和父母之间共同的美好初衷不会变，只是表达方式有所改变，这就需要我们更好地去沟通，多一些耐心，多一些理解。

拓展阅读

生活课

当你1岁的时候，她喂你吃奶并给你洗澡；而作为报答，你整晚地哭着。

当你3岁的时候，她怜爱地为你做菜；而作为报答，你把一盘她做的菜扔在地上。

当你4岁的时候，她给你买下彩笔；而作为报答，你涂了满墙的水彩画。

当你5岁的时候，她给你买了漂亮的衣服；而作为报答，你穿着它到泥坑里玩耍。

当你7岁的时候，她给你买了球；而作为报答，你用球打破了邻居的玻璃。

当你9岁的时候，她付了很多钱给你辅导乐器；而作为报答，你常常旷课并且懒于练习。

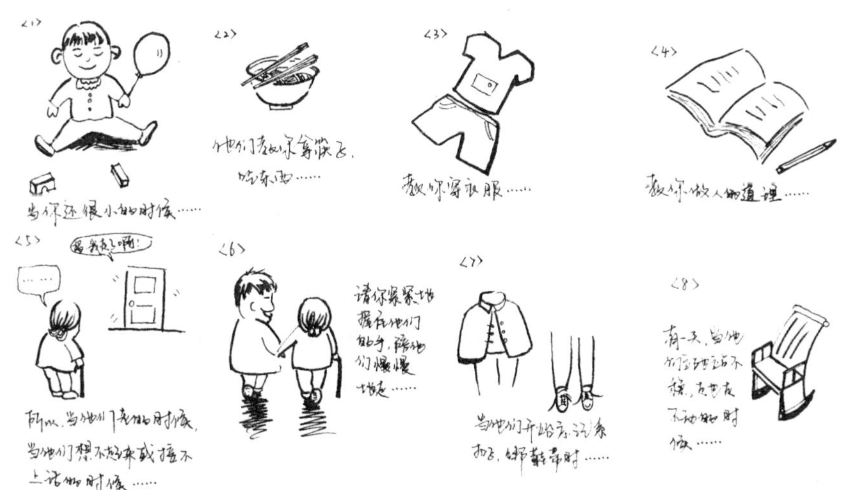

当你11岁的时候，她陪你还有你的小伙伴们去看电影；而作为报答，你让她坐另一排去。

当你13岁的时候，她建议你学做一些力所能及的事，而你说她不懂什么叫享受。

当你14岁的时候，她付了你一个月的夏令营费用，而你却一整月没有打一个电话给她。

当你15岁的时候，她下班回家想拥抱你一下，而你转身进屋把门关上了。

当你17岁的时候，她在等一个重要的电话，而你却抱着电话和你的朋友聊了一晚上。

当你18岁的时候，她为你考上大学激动流泪，而你却跟朋友在外聚会到天亮。

当你19岁的时候，她提醒你别不顾自己身体整天游戏时，你却对她说："别啰唆，烦死了！"

当你20岁的时候，她问你整天去哪儿，而你回答："我不想像你一样。"

当你25岁的时候，她给你买家具，布置你的新家，而你对朋友说她买的家具真糟糕。

当你30岁的时候，她对怎样照顾小孩提出劝告，而你对她说："妈，时代不同了。"

当你40岁的时候，她给你打电话，说今天过生日，而你回答："妈，我很忙，没时间。"

当你50岁的时候，她常常患病，需要你的看护，而你却为你的儿女在奔波。

亲爱的同学，以上这些情景你熟悉吗？看了以后你想到什么呢？

感悟和收获

通过本课的学习，你有哪些感悟和收获？想一想，记录下来。

____

____

在求学的岁月中，与我们接触最多的除了同学就是老师了。是老师把我们从懵懂引向成熟，使我们从无知到学有所长。对于和我们朝夕相处的老师，有些时候“想说爱你并不容易”。有的同学会因为距离感而害怕老师，有的同学会因为个人偏好而不那么喜欢某个老师，有的同学会觉得老师误解了自己或是“偏爱”某些同学。老师也是平凡人，也会犯错，也会有心情不好的时候。让我们一起走近老师，去更好地了解他们，与他们沟通，和他们成为朋友。

暖身活动 猜猜他是谁

请你用几个词来形容一位老师，看看大家能不能猜出来，然后公布答案，再请其他同学来形容一下。大家对同一位老师的印象是否一致？这让你想到了什么？

____

____

____

活动一 自由联想

播放背景音乐班得瑞的《清晨》。

导语：请同学们做三个深呼吸，全身放松，慢慢闭上眼睛。现在请你想象：你和一位老师的身影清晰地呈现在你眼前，慢慢地，你们俩变成了两只动物。仔细看看：分别是哪两种动物？它们的神情怎样？想一想：如果它们有交流，谁会先开口？会说些什么？想象中你有什么样的感觉？请同学们带着这种感觉，将刚才想象的画面用自己喜欢的色彩画下来。

讨论分享：

1. 绘画过程中，你的感受是什么？

2. 这两个动物对你而言有什么样的寓意？你得到了怎样的启发？

活动二 我与老师的故事

刚才的想象和绘画过程中，也许会有很多你与老师互动的画面、故事出现在你的脑海中。从幼儿园到现在，我们遇到过很多老师，在你的记忆里也一定珍藏着许多你与老师的故事。

交流分享：

1. 在小组中跟同学们分享自己与老师的故事，特别是你当时的想法和感受。

2. 小组其他成员反馈自己听到故事时的想法和感受。

活动三 读懂老师

在与老师的互动中我们有自己的感想和感受，那么老师的感想和感受又是怎样的呢？让我们试着去读懂老师，去理解老师吧！

1. 读懂老师的核心价值观念

每个人都有自己的核心价值观念，这些价值观念构成了我们每个人的内在思想基础。这些观念不太能妥协，也不是很容易改变，所以也往往是引爆我们情绪的原因。例如，有的老师强调“要做好自己该做的事”，那么你不完

成作业他可能会大动肝火；有的老师注重“诚实”，那么你闪烁其词，心口不一，他可能就会批评你。

讨论分享：每位老师的核心价值观念是什么？

每小组讨论两位老师的核心价值观念，汇总后在班级中分享，其他小组补充。

____

____

2. 洞察老师的情绪反应

我们每个人都有自己的情绪反应模式，老师亦是如此。在与老师的互动中难免会遇到一些事件甚至是冲突，洞察老师的情绪反应模式，就可以避开老师的情绪暴风圈，并在更合适的时机以更好的方式跟老师沟通。

老师的晴雨表——

a. 什么事情让老师高兴？

b. 什么事情让老师生气？

c. 什么事情让老师焦虑？

d. 什么事情让老师很有压力？

在以上情况下，老师是怎样的情绪处理模式？我们应该怎么做呢？

活动四 老师，我想对您说

经过一堂课的感受和体验，对于老师，对于跟老师的关系、故事，或许你又有了一些新的理解和认识。请换位思考，积极与老师沟通，多理解老师。请把内心的一些话写下来吧，无论是欣赏、感激、歉意，还是喜欢、不满、委屈、期望……写下来，送给老师或是贴在教室的板报栏中，老师也很想听听你的心里话，想知道你对他的印象、感受和期望。

____

____

____

心海导航

知识链接

与老师面对面

对于我们大多数同学而言，都有与老师建立融洽师生关系的愿望。不少同学正在或是已经将愿望变成现实，也有些同学不知道该如何搞好师生关系，甚至产生师生交往障碍，不仅影响了师生关系的正常发展，还影响了某位老师所教学科的学习成绩。究其原因，有以下几点：

1. 羞怯与自卑心理。我们正处在成长发育期，身体快速生长，激素分泌加快，所以有时容易情绪不稳，甚至多愁善感，内心时常充满矛盾。有些心里话我们并不愿向家长、老师说，觉得他们不理解或是不愿听，当然有时这也是实情。有时老师想了解一下我们的真实想法，我们也往往选择闭口不言。有些同学认为老师过于威严，不敢和老师说话；也有的同学有些自卑，主观认为老师不喜欢自己，所以自我封闭，不愿和老师交往。

2. 逆反心理。有些同学受到老师批评后，不愿去反思自己的问题，却选择与老师对着干，这实际上是逆反心理作祟。有些同学看到其他同学与老师关系融洽，经常被老师表扬，会产生一些嫉妒的心理，会对这些同学产生反感，有时会讽刺挖苦他们，要么就在“我偏不巴结老师”的念头下故意疏远老师。

3. 不信任心理。有些同学对老师缺乏必要的信任，潜意识中将老师看成对立方，认为老师只会监督学生、管理学生，不会理解学生、帮助学生，所以不愿对老师讲一些真实的想法。

4. 从众心理。有些同学心里想和老师交往，但是为了避免“拍马屁”“打小报告”之嫌而有意与老师保持距离。

生活中，建议同学们克服以上这些影响师生交往的不良心理因素，主动与老师沟通，建立起良好师生关系，以利于自己的成长和发展。

沟通是建立良好师生关系的桥梁，怎样才能做到师生之间的有效沟通？

1. 要以真诚换真诚。欲获得他人真诚相待，首先要真诚地面对他人。作为学生，应向老师真诚地表达自己的感受，以获得老师的信任和理解。

2. 真正尊重对方。只有相互尊重，才会理解对方，宽容对方。

3. 学会换位思考。毕竟老师和学生处在不同的角色位置，位置不同，权利、责任、义务也各不相同，要达到相互理解和有效沟通，换位思考非常有必要。

4. 相互欣赏以增强积极情感。每个人都有自己的优缺点，如果总是盯着对方的缺点不放，就难以欣赏他的长处，也难以产生积极的情感体验；反之，学会欣赏对方，才会彼此悦纳。

方法指南

被老师误解怎么办

当老师批评错了你，或是向家长反映你的问题和情况不够客观时，你不妨这样做：

1. 想想是什么原因导致问题的产生，自己的所作所为有没有什么不妥当的地方。

2. 换位思考，设身处地感受老师的心情。

3. 主动和老师沟通。如果有一些委屈，也可以找个机会向老师吐吐自己心里的苦水。

4. 如果一两句话能够解释清楚，等老师说完后，可以友好地说明，当场解决。

5. 如果事情一下解释不清楚，也不要紧，可写张小纸条下课后塞给老师或是请同学帮忙说明白，或是写信、发邮件、打电话等。

6. 展现全新的自我，以无声的语言、积极的行动来证明自己。“清者自清”，切忌逢人便倒“苦水”，一味发泄心中的不满，使被误解之事过于公开化。

通过本课的学习，你有哪些感悟和收获？想一想，记录下来。

____

____

____

爱情是什么

在青春的茵茵草地上，有浪漫的诗行，有美丽的梦想，也有许多的错过和遗憾……什么是爱情？在情窦初开的日子里，你是否心动过？你是否迷茫过？花开需有时，对于那些内心深处的萌动，我们要怎样面对才可以让青春美丽无悔呢？这节课我们就来一起探讨吧！

暖身活动 青春共舞

人们一起跳舞的时候，需要保持步调一致，这就显示了尊重。尝试男女生混合一起跳集体舞。

1. 同学们站成一排，男女生手挽手交叉排列。

2. 右脚向右移一步，左脚跟上，重复此动作。

3. 左脚向左移一步，右脚跟上，重复此动作。

4. 右脚向后退一步，左脚也向后退一步；右脚再向后退一步，左脚向右脚并拢。

5. 左脚前进一步，右脚后退一步，然后左脚向右脚并拢。

6. 左脚前进一步，并向左旋转90度，然后移动右脚，以便和左脚一起画一个整圆。

交流讨论： 活动中你的感受是什么？在日常男女生互动中你又想到了什么？

____

____

活动一 答案

播放歌曲《答案》，PPT呈现歌词。

答 案

（女）有个简单的问题
什么是爱情
它是否是一种味道　还是引力
（男）从我初恋那天起　先是甜蜜
然后紧接就会有　风雨
（合）爱就像　蓝天白云
晴空万里　突然暴风雨
无处躲避　总是让人　始料不及
人就像　患重感冒
打着喷嚏　发烧要休息
冷热交替　欢喜犹豫　乐此不疲
（女）叫人头晕的问题
什么叫爱情
它是那么的真实　又很可疑
（男）研究过许多誓言　海枯石烂
发觉越想要解释　越乱
（女）所以说　永远多长
永远短暂　永远很遗憾
每个人有　每个人不同的体验
（合）那滋味　时而在飞
时而下坠　时而又落泪
……

交流讨论：你听到了什么？什么是爱情？

____

____

活动二 我眼中的爱情

1. 自我小调查：请同学们把自己对爱情的理解用关键词或简短的话表达出来。

____

____

2. 跟同学分享一下你对爱情的理解吧！

____

____

活动三 漫画欣赏

两个蛋蛋的爱情故事

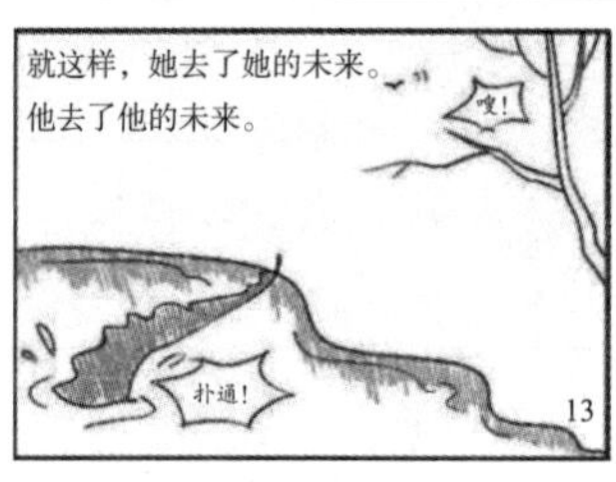

交流讨论：从这个故事中你读出了什么？（可以用词语来表达，也可以用简短的句子来表达）

____

____

活动四 爱情解码

1. 通过以上的活动，对于什么是爱情，你有了什么新发现？跟大家讨论分享一下。

2. 把你对爱的感悟写下来。

____

____

活动四 我的眼里你很美

1. 4~6人一组，围圈而坐，组员性别必须相同。

2. 小组讨论以下问题：

（1）你喜欢什么样的男生（女生）？

（2）如果你是男生（女生），你会喜欢怎样的女生（男生）？

在讨论过程中你的感受是什么？通过这个活动，你愿意发生什么样的改变？

____

____

萌动的青春期，男生女生之间的吸引非常正常，这种感情纯洁而美好。面对这份情感应学会坦然以对，要做自己感情的主人，加强自身修养和意志力的锻炼，以形成健康的性别意识，发展良好的个性。

知识链接

青春期心理发展阶段

德国作家歌德说过“哪个少女不怀春，哪个少男不钟情”，步入青春期，异性之间的爱慕和喜欢是件很自然的事情，是中学生性生理和心理成长发育的必经阶段和正常表现。一棵植物会慢慢长大，到一定时候就要开花，有一定条件就会结果，人亦然。

青春期的心理发展可分为三个阶段：

朦胧期：对异性的好感是朦胧的，却有些神秘，加上怕同学议论嘲笑，想接近又不敢接近；因此表现为行动上与异性疏远，彼此很少来往。男生觉得女生娇气胆小，女生觉得男生粗野淘气、不懂礼貌、不尊重女生，但彼此内心却愿意接近，有时还会搞恶作剧。

两性接近期：男生女生随着身心的不断发展，彼此开始吸引，进而产生好奇甚至躁动不安的心理，希望主动接近异性，特别愿意一起学习、活动、游戏、争论问题，力争在异性面前表现自己，少数同学可能会进行“恋爱”尝试。

初恋期：与前面朦胧的好感和想接近的意愿不同，此阶段男生女生往往把特定的异性作为自己交往的对象，持续交往，相互爱慕，向往着爱情。这个阶段的爱情多为内心隐秘的情感，以精神内容为主，纯洁无邪。了解了这些以后，我们不难发现，有些不同以往的感受，对异性的好感和接近的愿望，有时是由生理变化引起的心理变化。对于这种情况，我们要处理得当，保留美好的感觉，应积极发展同学友谊，促进学习和生活的进步，而不是为感觉所主宰，引发一系列烦恼，让青春花季充满懊悔和苦涩。

拓展阅读

异性交往要把握好度，距离是一种美，也是一种保护。中学阶段的异性交往，友情或许是种最好的选择，让我们珍惜年轻时最宝贵的学习时光，相互关爱，取长补短，携手共进。

花开须有时

花开须有时，过早的蓓蕾，也许在娇艳前就被霜侵雪欺
万物自有节，过早的青果，也许在成熟前就零落满地
我们既然在春天，就不要轻易去谱写秋天的故事
不要以为你我的手可以相互抚平内心的创伤
也许它只有足够握住笔的力量
我脆弱的心灵载不动你的款款深情
我不想前行的船儿过早地搁浅
所以，请收回你热烈的目光
请原谅我的沉默
不参与你青春的诗行
这不代表你不好，不代表你会失去一切
如果真如此不幸
那么你的稚嫩和脆弱何以承载我未来的幸福
就把我连同你的青春心事一起尘封进记忆吧

继续前行

你会发现，所有的日子依然无比美好

……

感悟和收获

通过本课的学习，你有哪些感悟和收获？想一想，记录下来。

____

____

____

“忽如一夜春风来，千树万树梨花开。”时间真是奇妙，转眼间我们就从天真无邪的孩子蜕变成为亭亭玉立的少女。也许你既感到新奇、兴奋，又感到恐慌和焦虑，现在就让我们一起来谈谈青春女生的那些事吧。

暖身活动　猜猜她是谁

请同学们每人准备一张自己小时候的照片，老师随意抽取几张用投影仪来展示，让同学们猜一猜她是谁，并与该同学现在的形象进行比较，看看发生了哪些变化。

主体活动　女生的那些事

青春期的变化似乎来得太快，总有一些改变让我们猝不及防。下面我们来看看女生的那些事儿吧。

【我们的秘密】

12岁的琳琳最近发现身体发生了一些微妙变化，这些变化让她好奇又困惑，原本活泼开朗的她最近有些不愿说话了，总在心中想着她的那些“小秘密”。这些小秘密是什么呢？她悄悄地记在了日记里。

1. 最近个子猛长，以前的衣服拿出来穿都短了一大

截呢。

2. 怎么腋下和阴部长出了一些体毛呢？唉，我会不会像毛孩一样全身都长出毛来？

3. 有次下体突然出血，内裤都透了，肚子也特别疼，连续好几天呢。

4. 最近内裤上总会出现一些白色的东西，黏黏的，真是很讨厌。

5. 胸部不舒服，还微微地隆起，摸上去硬硬的，我是不是得了什么病？

你遇到这些情况了吗？你知道这些现象背后的原因吗？

____

____

____

如果你遇到和琳琳一样的问题，首先恭喜你喽，因为这意味着你要从一个小女孩成长为亭亭玉立的大姑娘了！那么，进入青春期生理上会出现哪些变化？上述现象背后的原因是什么呢？

【寻找原因】

1. 青春期之前，身高每年增长3~5厘米；但是到了青春期，身高会猛增，每年增长6~10厘米。

2. 腋窝和阴部是我们身体最柔软的地方，那里的皮肤很需要保护，而那些地方经常会比较潮湿，为了防止溃烂才会长出体毛。

3. 女孩到了一定年龄会出现“月经”，第一次来叫“初潮”，这标志着女性器官开始发育成熟，意味着具备做妈妈的能力了。

4. 内裤上的白色东西是由阴道流出的，叫“白带”，它能防止病菌的侵入，有很好的保护和湿润作用。正常白带是黏液状，是淡青色或奶白色，无异味；如果白带是黄色或是有异味，那就应该去妇科检查一下。

5. 进入青春期，乳腺开始慢慢发育，开始时有点疼，慢慢就不会疼了。等它们变得鼓鼓的，就会像妈妈和其他成年女性一样，是不是很美呢？

【天使的忠告】

随着年龄增长、身体发育，我们的身体便有了一些禁忌，请画一张身体示意图并用红、黄、绿三种颜色的笔分别为身体的不同部位涂色。

涂色规则：

红色区域代表不能向他人暴露、不能被触摸、不能被侵犯的部位。

黄色区域代表只可以接受亲人及好友接触的部位。

绿色区域代表可以礼节性接触的部位。

大胆说“不”：

不管身体的哪个部位，只要是你不喜欢的带有性色彩的侵犯和触摸，都应严肃拒绝，大胆说“不”。

【适度的行为】

听了天使的忠告，现在我们来讨论一下：对中学生来说，下面哪些行为是合适的？哪些行为是不合适的？请用“√”或“×”标示。

经常用手挤脸上的痘痘。（　　）

穿过短的裙子。（　　）

涂指甲油，化妆。（　　）

月经期吃冰淇淋、辣椒。（　　）

接受不熟悉人的邀请，一起出去玩，或是接受陌生人以调查为由对身体发育情况的询问。（　　）

男女生在集体活动中手拉手，击掌鼓励。（　　）

放学回家的路上，男生搂着女生的肩膀。（　　）

异性长辈无故抚摸你的身体。（　　）

医生诊病需要按压腹部。（　　）

坐在男生腿上。（　　）

除此之外，还有哪些行为你觉得不合适呢？

青春期里，每个女孩都像一朵悄悄绽放的花，不时变换着色彩，有激情与奔放、展望与憧憬，也有烦恼与忧愁。在这个春天，我们的身体悄悄地发生了一些变化，记下青春的美好变化吧，以留作纪念。

青春八问

1. 什么是青春期

青春期是一个人从儿童期生长发育到成人的过渡期。这一时期人体的形态、某些器官的结构与功能都有显著的变化，例如身高迅速增长，神经系统和心肺功能明显增强，第二性征出现等。

2. 为什么会长痘痘

青春期激素分泌旺盛，促使皮脂腺分泌过多堵塞毛孔，产生炎症，形成青春痘。

应对窍门：

（1）做好清洁卫生，使用温和不刺激的洁面乳，注意晚上洗脸，让皮肤来个顺畅的呼吸；

（2）不要挤，以防感染；

（3）少吃糖类、高脂肪食物和刺激性食品，尤其是垃圾食品；

（4）避免使用含油脂较多的护肤品。

3. 月经来潮有哪些烦恼

（1）经前期紧张症

精神紧张，烦恼易怒，乏力，失眠，头痛，注意力不集中等；有的出现身体表面水肿，如手、足、面部浮肿，腹胀，腹泻，乳房乳头胀痛等。月经来潮后，症状会明显减轻。经前期紧张症是雌激素和孕激素的比例不正常及体内钠和水潴留过多引起的。轻度的经前期紧张症不用治疗，也不影响学习和工作，只要避免精神紧张，转移注意力，少吃盐，少喝水，即可减轻症状。严重的可在医生指导下服用少量镇静剂。

（2）痛经

少女的痛经多是功能性的，最常见的原因是心理因素，也有的是身体因素，还有的是经血排出不畅或是受凉等，便秘也可因为使盆腔充血而加重痛经。经期抵抗力下降，容易被细菌感染，所以要特别注意经期个人卫生。

应对方法：

① 消除恐慌心理，放松心情；

② 平时加强锻炼；

③ 多吃果蔬，保持大便通畅；

④ 做做膝胸操；

⑤ 热敷下腹部；

⑥ 喝热水、红糖水、姜糖水；

⑦ 痛经特别严重时吃点止痛片。

4. 如何度过月经期

（1）了解生理解剖特点，知道这是正常现象，消除焦虑、紧张和恐惧心理。

（2）做好防护工作，适度运动，避免剧烈活动和过度劳累。

（3）注意保暖，防止淋雨、涉水，不用盆浴，更不要游泳，不要用冷水洗澡洗头，不要坐凉地板。

（4）不吃过冷、过辣、过咸的食物，喝热水，吃熟的、热的食物。

（5）学会自我调适，保持乐观稳定的心态，可以做些自己喜欢的事情，听听舒缓的音乐。

（6）腹痛时可以喝点热水、红糖水或是姜糖水，用热水袋热敷小腹，必要时可吃片止痛药。

（7）如果出血量大、脸色苍白、出冷汗或是恶心呕吐，要去医院。

5. 为什么有时例假不准时

卵巢刚发育，还不够成熟，有时没有卵子排出，不形成黄体，雌激素含量也比较低，因而内膜脱落不规律。等卵巢逐渐发育成熟就好了。

6. 为什么经前期乳房胀痛

经前期体内雌激素、孕激素达到最高水平，促进乳腺增长，加上与水盐代谢有关的激素分泌增多导致水盐滞留，故出现水肿。

应对窍门：

乳房发育有个体差异，切忌束胸、过早带文胸或是到了该带的时候不带，文胸尺码要合适。

7. 为什么会有白带

白带是阴道内流出的黏性分泌物，它有很好的保护和湿润作用。

应对窍门：

（1）穿干净内裤，注意个人卫生，内衣和其他衣物要分开洗；

（2）只要无色无味就属正常现象；

（3）如果发黄，或呈脓状，或是有腥臭异味，要找医生检查。

8. 女生应该怎样自我保护

（1）提高警惕，防范以恶意出现的坏人，更要警惕以“善意”出现的“好心人”。

（2）不要一个人或少数几个女同学到公园、河边、树林等偏僻的地方去。

（3）不要一个人或少数几个女同学搭便车。

（4）不要去各种酒吧或歌舞厅，不与网友见面。

（5）与父母闹别扭时切不可赌气离家出走。

（6）衣着不要太暴露。

（7）不要贪图小便宜，对过分殷勤的熟人要小心防备。

（8）在陌生的地方问路时，不要跟着愿意带路的人走。

（9）在没有病人家属或女护士在场的情况下，男医生不能对女病人的下身进行检查（医院有规定）。

（10）到男老师家补习功课，要尊重老师，但不应与老师有过分亲昵的言谈或举动。

（11）通过正规渠道科学健康地了解性知识。

（12）如自己做错了什么事，不要让他人作为把柄，不要听从他人的摆布。

感悟和收获

通过本课的学习，你有哪些感悟和收获？想一想，记录下来。

____

____

____

第二十课

青春那些事之男生专区

十二三岁正是青春萌动的年龄，不知不觉中我们发现自己正在慢慢长大，身体正在发生一些微妙的变化，尤其是生殖器官的变化。或许你会感到神秘，感到好奇，想问老师又羞于开口，甚至都不好意思问父母；也许你会偷偷到网络上去查看一些资料，但是网络上的信息良莠不齐。今天我们在这个男生专区一起来聊聊，来认识这些变化，并探讨应对这些变化的方法。

【猜一猜】

下面这些谜语都与青春期有关，请你猜猜看。

1. 一张光滑的脸，因为有了它而变得疙疙瘩瘩。

2. 说话时把手放在它上面会感觉到振动，以前没注意到它的存在，但现在它开始变得突出了，而且随着它的突出，我们的声音会变得浑厚。

3. 在我们穿开裆裤时，它露在外面，但现在它是个很私密的地方，一般情况下只有我们自己可以触碰。它随年龄增大而增大，是一个排泄和生殖器官。

4. 它分为左右两室，中国历史上皇宫里的特殊人群——太监，他们小时候不幸被割去了这个重要器官。它也比较脆弱，需要你好好保护。

5. 这是男性成熟的生殖细胞，在精巢之中形成，形状像小蝌蚪。它与卵子结合，就孕育出一个小生命。

6. 它经常在夜间睡眠时不知不觉地发生，第二天一觉醒来看看内裤和床单，会发现它的痕迹，这是男性成熟的一个标志。

你知道它们是什么吗？当你遇到以上问题时，你心里的感受是什么？下面这些感受你体验过吗？

① 恐惧；② 害羞；③ 无助；④ 困惑；⑤ 好奇；⑥ 担心；⑦ 早有心理准备。

____

____

【谈一谈】

13岁的少年子鸣，一天早晨醒来，发现不知道为什么，昨晚睡觉时下体流出的乳白色液体粘在了内裤和被褥上，顿时子鸣感到迷惑、惶恐和不安，甚至产生负罪感，认为这是件低级下流的事情，绝对不能让任何人知道。为此他感到不好意思，羞于见人，好像做了什么见不得人的事，一连几天沉默寡言，不敢抬头与父母对视。

你知道子鸣发生了什么事吗？你能帮他消除顾虑吗？

____

____

其实，遗精是青春期男孩发育的一个重要标志，是一种正常的生理现象。

关于遗精的知识

遗精通常又称为“梦遗”或是“梦精”，多数是在男孩睡梦中发生，男孩首次遗精一般出现在11~18岁之间。

男性的睾丸是产生精子的器官，随着年龄的增长、生殖器官的成熟，睾丸每时每刻都在产生精子，精液在体内不断积蓄，当达到一种饱和状态时，就会通过遗精方式排出体外。男孩一般每月遗精1~2次，有时稍多几次，这均属于正常生理现象，如果过于频繁就应该去看医生了。

【议一议】

为了保证我们能健康地成长，处于青春期的我们有很多问题是需要特别注意的。例如，不能穿过紧的内衣和牛仔裤，要经常清洗下身，开玩笑时不相互碰触生殖器，手淫不过度等。还有哪些需要注意的呢？请大家议一议吧。

知识链接

矛盾的青春期心理

1. 独立性和依赖性的矛盾。青春期的少年在心理上最突出的表现是出现成人感，由此而增强了少年的独立意识。如在生活上渐渐地不愿受父母过多的照顾或干预，对父母的包办代替产生厌烦情绪；对一些事物有是非曲直的判断，不愿意听从父母的意见，并有表现自己意见的愿望；对一些传统的、权威的结论持异议，往往会提出批评之词。但由于社会经验、生活经验的不足，又不得不从父母那里寻找方法、途径或帮助，再加上经济上不能独立以及父母的权威作用，又必须去依赖父母。

2. 成人感与幼稚感的矛盾。青春期心理特点的突出表现是出现成人感——认为自己已经成熟，长成大人了；因而在一些行为活动、思维认识、社会交往等方面表现出成人的样子。在心理上，渴望别人把自己当作大人，予以尊重、理解。但由于年龄不足，社会经验、生活经验及知识存在局限性，在思想和行为上有时盲目性较大，易做傻事，还带有孩子气。

3. 开放性与封闭性的矛盾。青春期需要与同龄人，特别是与异性、与父母平等交往，渴望他人和自己一样彼此敞开心扉坦诚相待。但由于每个人的性格、想法不一，往往这种渴求找不到释放的对象，又碍于自尊心，不愿被他人知道，于是就形成既想让他人理解又害怕被他人了解的矛盾心理。

4. 渴求感与压抑感的矛盾。青春期由于性的发育和成熟，出现了与异性交往的渴求。比如喜欢接近异性，想了解性知识，喜欢在异性面前表现自己，甚至出现爱情念头等。但由于学校、家长和社会舆论的约束及限制，青春期的少年在情感和性的认识上存在着既非常渴求又不好意思表现的矛盾状态。

5. 自制性和冲动性的矛盾。青春期在心理独立性、成人感出现的同时，自觉性和自制性也得到了加强。在与他人的交往中，主观上希望自己能随时自觉地遵守规则，力尽义务，但客观上有时难以较好地控制自己的情感，会出现一些冲动行为，使自己陷入既想自制又易冲动的矛盾之中。

青春期的心理就是在这样的矛盾中形成并慢慢趋于成熟的，这是一个自然过程。

方法指南

（一）异性交往注意事项

异性友谊是人类友谊中不可缺少的一部分。在与异性交往中应注意以下事项：

1. 冷热适度。既不要过分冷漠，刻意疏远，也不要过分热情，哗众取宠。

2. 大方得体。言谈举止文雅庄重，不要过分随便，打打闹闹，有些玩笑话也不宜在异性面前讲。

3. 相互尊敬。对待异性同学更应该讲究礼貌，不可过分任性。

4. 广泛接触。在集体活动中扩大交往范围，广交异性朋友。

5. 不要单独活动。减少与异性同学单独接触的机会，尤其不要单独与某个异性同学外出活动。

（二）拒绝性行为守则

决定发生性行为之前，要先想清楚后果。感情、父母、同学、法律、健康、疾病、怀孕等，这些问题你是否都考虑过？青春的情感里我们要有足够的原则和勇气拒绝性行为。下面几条原则可以参考：

1. 接受性知识的学习和教育，真诚大方地与异性同学交流思想及学习经验，减少性好奇和性压抑。

2. 制订并尊重彼此可接受的身体亲密界限，如“最多握一下手”。

3. 清楚且坚定地拒绝对方的性邀请，明确说“我不要！”“我不愿意！”“我不喜欢！”珍惜并保护好自己的身体。

4. 避开危险及充满诱惑的环境，如阴暗的地方、单独相处的空间、某些酒吧等，不接触色情书刊或是不良影片，不喝酒，不使用违禁药物，不玩身体接触游戏。

通过本课的学习，你有哪些感悟和收获？想一想，记录下来。

____

____

____

学会优雅说“不”

每个人都希望得到他人的接纳和喜欢，但当面对他人不合理的请求时应学会说“不”。拒绝比顺从需要更大的勇气，尤其是当对方要求不合理时，我们更需要把握自己，学会拒绝。那么，拒绝别人时怎样才能既不伤害他人，还能显出几分优雅呢？

暖身活动 老师的要求

老师提出要求，希望学生能鼓掌欢迎自己来上这堂课，需要掌声再热烈点、持久点。

交流讨论：这个过程中你真实的想法和感受是什么呢？有没有哪些同学心里不愿意却勉强按老师的要求去做了？

活动一 说“不”不容易

1. 生活回顾：生活中你有过哪些想拒绝却没有做到的情况？当时的感受和影响是什么？

2. 说“不”不容易主要出于以下原因：

（1）碍于情面；

（2）形势所迫；

（3）与人为善；

（4）迫于权威；

（5）习惯顺从。

还有哪些原因呢？

活动二 说“不”的艺术

1. 测一测

说“不”不容易，生活中你是怎样来表达的呢？下面这些情景是否与你的表现相符？

1 = 非常像我　2 = 有点像我　3 = 一般　4 = 不像我　5 = 非常不像我

（1）即使自己觉得受到伤害，我也会小心翼翼地避免伤害别人。（　　）

（2）别人要求我做一件事时，我一定会坚持问明原因。（　　）

（3）我很喜欢主动和陌生人或是刚认识的人聊天。（　　）

（4）我能公开坦诚地表达自己的感受。（　　）

（5）我通常很难说“不”。（　　）

（6）如果有人企图到我前面来加塞，就是想来挨我骂的。（　　）

第（1）和第（5）题，如果你选择的是“非常像我”或是“有点像我”，那么你的反应方式属于消极的反应方式。或许你该注意改变自己的反应方式，尝试尊重自己的感觉，自信一点。

第（2）和（6）题，如果你的选择是“非常像我”或是“有点像我”，那么你属于攻击型反应方式。你要注意改变一下自己的反应方式，尝试柔和一点。

第（3）和（4）题，如果你的选择是“非常像我”或是“有点像我”，那么你属于自我肯定的反应方式，你可以继续坚持自己。

你的反应方式属于哪一种呢？生活中应该怎样在尊重自己的基础上更优雅地拒绝呢？

____

____

2. 说“不”小贴士

（1）拒绝是选择的结果；

（2）说“不”是每个人的权利；

（3）明确自己的原则及底线；

（4）说出“不”字比说明理由更重要；

（5）对事不对人。

活动三 说“不”小练习

针对以下几种情况，分小组练习说“不”的方法和艺术，要考虑其现实有效性。

1. 同学抄你作业；
2. 放学后老师找你谈话；
3. 朋友向你借钱；
4. 自己作业未完成，同学让陪着去买东西或是踢球；
5. 异性同学向你告白。

讨论分享：

每小组讨论一种情况，然后在班级中分享，其他小组观察、记录并简短评价。

活动四 昨日重现

请回忆在你的成长过程中，自己难以拒绝或是现在想起来拒绝不太合适的一次经历。

1. 别人对我提出的不合理要求是：________________________________。
2. 我当时无法拒绝他，因为：________________________________。
3. 我当时不太合适的拒绝方式是：________________________________。
4. 我现在觉得这样处理比较好：________________________________。

交流讨论：

这种情况下大家还有什么好的拒绝方式吗？

适时适度的拒绝，体现的是对自己和他人负责任的态度；优雅地说出“不”，也为人际关系和自我成长提供了良好的契机。希望每位同学都能掌握说“不”的艺术。

知识链接

学会拒绝

在人际交往中，人们总是希望在对方那里得到接纳和肯定，答应别人、顺应别人、迎合别人远比拒绝别人更容易得到对方的接受和欢迎。所以很多涉世不深的同学常担心：假如我拒绝了对方，尤其是自己的亲人、师长，他们就会不满意不高兴。感觉这样可能会影响师生之间的情谊，会使亲人间出现隔阂，于是就委曲求全，勉强自己去做本不喜欢做的事情。

朋友之间、师生之间、亲人之间相互关心、相互帮助、相互扶持是正常的，但是，在以下几种情景中，我们要学会拒绝：

① 当别人的要求与我们的计划相冲突时。例如，你原计划周末在家好好地看看书，可同学邀请你去郊区玩，这时你是可以拒绝的。

② 当别人对你提出不合理要求时。例如，你同学向你借的50元钱没还你，却又向你借100元钱，而且你的这位同学已经多次出现借钱不还的问题。

③ 当别人替你做决定，企图控制你时。例如，你的同学总想控制你，他说什么就要求你听什么，他不满意的事你也不能做，你做事情都要顺从他的想法，此时你应该说“不”。

拒绝别人比顺从别人需要更大的勇气，怎样既不使自己为难又能够婉言拒绝对方，不让对方感到尴尬呢？这的确是门艺术。掌握了拒绝的艺术，就可以减轻心理的压力和紧张，可以体现你做人的原则和独立人格，体现你是一个遇事有思想、有主见、有头脑、有个性的人，更不至于在人际交往中陷入被动。适当拒绝也是对自己和他人负责的表现。当然学会拒绝别人，并不与“助人为乐”相冲突，在我们力所能及的范围内，帮助别人既可以锻炼自己的能力，增强自信心，又可以使我们的人际关系更和谐。

方法指南

优雅说“不”的方法

许多不敢和不善于拒绝别人的人，实际上是在带着“假面具”生活。答应别人不合理的要求，不仅失去了自我，事后还会后悔不迭。其实，掌握拒绝的艺术并不难，下面的方法可能会对你有所帮助。

谢绝法：“对不起，我觉得这样做可能不合适。”

婉拒法：“哦，是这样啊，可是我还没有想好，请让我考虑一下再说吧。”

不卑不亢法：“哦，我明白了，可是你最好找对这件事更感兴趣的人，好吗？”

幽默法：“啊！对不起，今天我还有事，只好当逃兵了。”

无言法：“运用摆手、摇头、耸肩、皱眉、转身等身体语言和表情来表达拒绝的态度。”

缓冲法：“哦，我再和朋友商量一下，你也再想想，过几天再决定，好吗？”

回避法：“今天咱们先不谈这个，还是说说你关心的另一件事吧……”

严词拒绝法：“这不行，我想好了，你不要再提了。”

补偿法：“真对不起，这件事我实在是爱莫能助；不过，我可以帮你做另一件事。”

借力法：“你问问他，他可以做证，我从来不做这种事。”

自护法：“你想想我怎么可能去做这种没把握的事，这是让我出洋相啊。”

直接法：“不。”“不，谢谢！”

给出原因法：“不，谢谢。现在我有急事，我必须走了。”

拖延法：“不，谢谢，也许以后吧。”

改变话题法：“不行，谢谢。你昨天晚上看比赛了吗？”

重复说“不”法：“不，谢谢，我不感兴趣，真不行。”

连一连：请把拒绝别人的方法与运用实例连接起来。

幽默法	别人叫你去喝酒，你说：“不好意思，我从来不喝酒。”
给出原因法	别人叫你上街，你说：“我身体不舒服，你作业做完了吗？”
转变话题法	别人约你去他家玩，你说：“如果我去的话，我会先打个电话。”
补偿法	别人向你借钱，你说：“我也是泥菩萨过河，自身难保啊。”
回旋法	别人找你去打球，你说：“你找××吧，他可能有空。”
拖延法	考试时，旁边的同学向你问答案，你摇头拒绝。
直接法	同学向你借书，你说：“我正在看着，看完再说吧。”

通过本课的学习，你有哪些感悟和收获？想一想，记录下来。

____

____

____

心有千千结

生活不会一帆风顺，人与人之间也并不总是温暖和谐。在我们成长的道路上，总会或多或少地遇到一些挫折与不顺。这些事情会给我们内心带来或大或小的冲击，影响到我们的心情和人际关系。那么，我们应该怎样打开心结，还心灵以舒展自由呢？

暖身活动 心有千千结

1. 全班学生分成若干小组，每组10人，小组成员手拉手围站成一个圆圈。

2. 在节奏感较强的背景音乐中，大家放开手，随意走动，音乐一停，脚步即停，找到原来左右手相握的人分别握住。

3. 小组中所有参与者的手都彼此相握，形成一个错综复杂的“手链”。在节奏舒缓的背景音乐中，大家在手不松开的情况下，用各种方法，如跨、钻、套、转等，将交错的“手链”解成一个大圆圈。

讨论分享：活动中遇到的最大困难是什么？小组是怎么解决的？你有什么感受？

____

____

____

活动一 身边的故事

李博和张猛同在一个班级，以前相处较融洽。这半个学期李博忽然长高了好几厘米，身材高瘦，人显得有些不协调，而且还整了牙戴上了牙套。于是张猛就经常当着同学的面嘲笑李博，还给他取了外号，甚至在一次体育课上趁其不注意，当着全班同学的面突然拉下他的裤子。这些经历让李博深感羞愧和痛苦，尽管体育老师以及班主任都批评了张猛，并让其向李博道了歉，但李博对张猛的怨愤始终不能放下。

讨论分享：

读过这个故事你有什么样的感受？你想分别对李博、张猛说些什么呢？

____

____

____

活动二 感同身受

为了更好地理解李博的感受，也为了更好地帮助他，下面让我们带着刚才所说的那些感受回顾我们的生活，想一想在人际关系中有没有经历过一些类似的事情。如出现了这样的事，我们该怎么办呢？

讨论分享：

1. 以小组为单位交流、讨论。

2. 每小组选出一名同学在班级中分享自己的故事以及刚才讨论过程中的感受和认识。

____

____

____

活动三 故事阅读

南非前总统曼德拉曾被关押了27年，受尽虐待。他就任总统时，邀请了三名曾虐待过他的看守到场。当曼德拉起身恭敬地向看守致敬时，在场所有人乃至整个世界都静了下来。他说："当我走出囚室，迈过通往自由的监狱大门时，我已经清楚，自己若不能把悲痛与怨恨留在身后，那么我仍在狱中。"

讨论分享：

1. 读过这个故事你有什么样的感受？
2. 你从曼德拉身上看到了什么？

____

____

____

活动四 往事回溯

在你的人生经历中，有哪些令你耿耿于怀的事？你现在打算怎么做？怎样才能让它们对你的影响降到最小？

____

____

读读这首小诗，相信你会有一样的感受。

原谅其实比我们想象的要容易。
原谅使我们的内心感到轻松和自由，
原谅像春天的阳光，
照耀别人也温暖自己。
伴随着轻松的感觉，
你的内心会越来越美好越来越自由。

你会发现，
宇宙之大可以容纳任何人，
心灵之大可以容纳很多事。

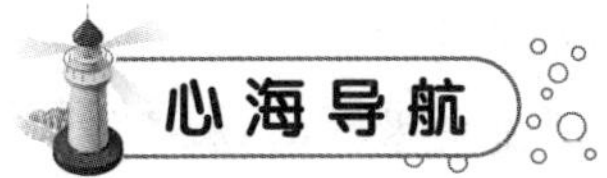

方法指南

不要配合事件对你的伤害

怨恨、不能原谅，有时像监狱，把自己关在里面时也许会觉得自己是个受害者，对方是错的、坏的、不可原谅的。即使事件过去很长时间，有时久得都有些想不起来，但那些愤恨可能已被潜藏进了心底。生活中一旦有什么事物或事情触动这些潜藏的情绪按钮，它们就马上爆发出来，让我们愤怒、痛苦、抓狂，这个时候的我们就像被关在了怨恨情绪的监狱里。

其实任何事件对我们的影响，都需要我们的“配合”。所以事情发生后，被束缚者也是主动的一方，你越是气愤难平，你就越是被这件事情束缚。如果你能选择试着去原谅，那么你也相当于给了自己内心的自由。当事情发生后，你不妨问问自己“我想让这件事情对自己的影响有多大”。这样你会发现事件中的主动方和被动方改变了位置：这件事已经摆在这里了，受多大束缚，完全由你自己看着办。

原谅能够让自己从过去解放出来。放下心理的包袱，回过头去看看，你为什么要“配合”那些已经发生的事情，让它们困扰自己，让内心受到束缚呢？

下面是国内著名的心理专家曾奇峰先生的一篇文章。通过这篇文章，我们也许可以学习到一些把事情对我们的负面影响降到最低、让我们内心摆脱怨恨的方法。

你想要伤害有多深

从导致心理创伤的原因来看，有没有心理创伤这么回事，都是一个问题。同样的一件事，对有些人来说，已是灭顶之灾；而对另外一些人，却只不过像是被蚂蚁咬了一口的小事而已。差距之大，无法以道里计。

一次，一位女性朋友发来短信说，她因一件事情受到很大的精神伤害。事情经过是这样的：一所大学通知她参加一个在“十一”长假期间举办的重要学术会议，但她已事先安排去国外度假。一番犹豫之后，她决定放弃度假去参加会议。“十一”那天早上，她开着车、带着钱去报名，却因为据说是通知误发给了她的理由被拒绝。

可以想见她的失望与愤怒。一小时后，我回复了一条短信，问她：“你希望这件事对你的伤害有多大呢？”一小时后，这位朋友回短信说：“你这么一问，我一想，怎么就觉得这事也没什么了不起了呢？”

这是一个典型的对心理创伤进行澄清的过程。心理伤害跟身体伤害是完全不一样的东西。身体伤害是在物理学层面发生的，在这个过程中，伤人者主动，被伤害者被动，而且受伤害者身上会留下肉眼或者仪器可以检测出来的创伤。而心理伤害是发生在象征的层面的，看似伤人者主动、被伤害者被动，其实并不一定是这样。

任何心理创伤，都必须有所谓受伤害者的“配合”才能够完成。举个简单的例子，如果有人用中国话辱骂你，你会觉得受到伤害；但是，如果他用你不懂的俄语辱骂你，你可以完全一点感觉也没有，伤害就无从谈起了。“澄清”就是，你懂中文就是对用中文辱骂你的人的一种“配合”，你不懂俄语就是对用俄语辱骂你的人的一种“不配合”。所以在这样的心理伤害面前，受伤害者也是主动的一方。

上面提到的女性朋友，看起来她是完全的受伤害者，受伤害的程度似乎完全由拒绝她的会议主办方决定。我所提的问题“你希望这件事对你的伤害有多大呢？”改变了事件中主动方和被动方的位置，隐藏着这样的意思：这件事已经摆在那里了，受多大伤害，完全由你自己看着办。

这位女性朋友的悟性实在是太好了。在短暂的思考之后，马上就让自己从这件事情中脱身了。这样的利落，当然也是因为她实际上早就为不受伤害做了性格上的准备，这种健康的性格可以称之为“趋乐避害”型性格。而也许对另外一位女性来说，遇到同样的事件，遇到我的反问——算是一种专业处理吧——之后，仍然对该事耿耿于怀，令自己长期处于创伤性的状态中不能自拔，对这样的性格，也有一个描述性的“诊断”，叫“对创伤成瘾”。

心理健康意味着，面对外界的心理刺激，你内心的稳定程度有多大。一般来说，越稳定，就越健康。而这种稳定，取决于你的性格在多大程度上把这些事情当回事儿。

故事阅读

潘石屹：放下34年的怨恨

我把心里一直记恨的人列了一张清单。这其中伤害我最深的人，是我的一位远房叔叔。

童年时期受到的伤害，有时会记恨一辈子。这个远房叔叔，我记恨了34年。

小时候，他家的孩子学习成绩特别不好，我的特别好，总考100分。因为家庭成分不好，我小学四年级才加入红小兵。刚加入，老师给我系红领巾时，我很高兴，就跟旁边的同学说话。开会时，是不让说话的。叔叔当着全校一百多名同学的面，把我拎起来放到讲台上站着。调皮的同学往我身上吐唾沫，下面的同学都在笑。我哭，好几个老师都说让我下来，他不让。他当时是学校的老师，但不是我们年级的。

我就在讲台上站了一两个小时。下面开着会，我迎着风，一直在哭。这对我来说是特别大的侮辱，多少年也忘不了。当时，我觉得就像世界末日，没脸见人了。

一直到前些年，我都不能原谅他。前些年，我给妈妈买了一辆轮椅。一次到王府井，发现有种台湾产的轮椅特别轻巧，就又买了一辆。以前那辆大的闲在一边。一次，我发现大轮椅没了，就问哪去了。爸爸不敢说，妈妈说："送给你叔叔了，你叔叔的腿有点问题。"我一下子勃然大怒："你为什么送给他？"把家里人都吓坏了。

你可以想想这种仇恨的分量，一个没用的东西送给他都会愤怒，每次想到这个都不愉快。

实际上，他离开人世已经许多年了，但我还记恨着他。他不时地跳出来控制着我的大脑，折磨着我。死人折磨活人，这不就是我们常说的鬼吗？而这鬼是我自己让他来的，是我心中的仇恨把他引来的，想想多不值得。

我把清单放在火上烧了。纸的燃烧，预示着我在世上再没任何仇人了。没了仇恨就没有了鬼，没什么可畏惧的了。

当我做完这些事，走到长安街上，下午的阳光十分明媚，大街上每个人都笑容灿烂。我有种大病初愈的感觉，是那么放松、愉悦。

我解放自己了。

感悟和收获

通过本课的学习，你有哪些感悟和收获？想一想，记录下来。

____

____

____

星空璀璨

星空璀璨，你心目中的那位超级巨星是谁？你欣赏他的哪一面？他给你的生活、学习又带来怎样的影响？我们处在由不成熟走向成熟的过渡时期，榜样学习和偶像崇拜贯穿这个过程的始终，并且伴随着自觉意识和强烈的情绪化体验。选择合适的榜样或是偶像，对于形成健康的人格具有重要的意义。但我们也看到一些不好的现象，如过度消费、分散精力、荒废学业、迷失自我等。正如布莱希特曾说过的："不管我们踩着什么样的高跷，没有自己的脚是不行的。"欣赏别人是起步，塑造自己才是目标，那么接下来我们就一起来遨游"星空"，更好地提升自己吧！

暖身活动 模仿秀

请同学模仿自己的偶像做一个小小的表演，其他同学来猜猜他是谁。

活动一 谈谈我的偶像

1. 全班同学分成若干小组（每组6~8人），围坐成圈。

2. 每个人都来谈谈自己崇拜的偶像。

3. 在小组内讨论以下问题：你崇拜偶像的原因是什么？你的偶像对你的学习和生活产生了哪些实际的影响？他们身上哪些东西是值得你效仿和学习的？

____

____

____

4. 讨论结束后，各小组派一名代表在班上汇报讨论结果。

活动二 群星璀璨

在人生路途上，我们每个人都会有一些自己喜欢甚至崇拜的偶像，他们像一颗颗闪亮的星星。你的偶像属于下面哪一类呢？

1. 科学巨星
2. 体育明星
3. 影视歌星
4. 文学名家
5. 军事将领
6. 政治伟人
7. 身边的人

活动三 追星片段

情景一：我在音像店排了很长时间的队，终于买到了我偶像的专辑！他的发型、衣着特别酷！我最近要把零用钱攒起来，准备去剪成他那样的发型；等过年的压岁钱攒够了，再买票去看他的演唱会。

情景二：我的偶像是中央电视台一位著名主持人，他是位有内涵、有修养的人，我欣赏的不仅是他的外在气质，更是他那种奋斗精神。他曾冒着丢掉工作的危险去追寻自己的梦想，打过杂，住过地下室，忍受过孤独和失望的煎

熬，但他都咬牙坚持下来，最终实现了自己的梦想。

情景三： 上英语课，老师说一个单词如果念十遍，这个词就跟你一辈子。这时就听见最后一排有个女生低声念叨：“谢霆锋，谢霆锋……”

读了以上材料，你有什么感想呢？你想对他们说什么？

活动四 追星辩论会

针对以上现象，你有什么样的看法呢？

现在让我们来辩论一下追星究竟利大于弊还是弊大于利。

追星利大于弊（正方）	追星弊大于利（反方）	备注

活动五 星空下的沉思

星空灿烂，追星有利有弊，欣赏别人毕竟是起步，塑造自己才是目标。接下来我们就各抒己见，谈谈如何在星空之下更好地提升自己，让自己也成为一颗闪亮的星星。

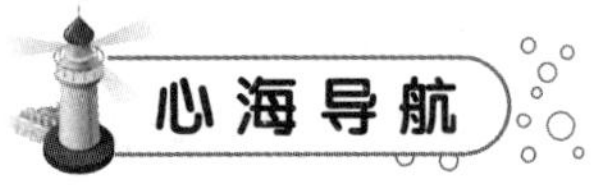

知识链接

追星心理

偶像崇拜是一种社会心理现象，特指由于“光环效应”而形成的一种理想化的倾向。这种现象与我们所处年龄阶段的心理特点——崇拜心理、从众心理、时尚心理等有关。青少年崇拜偶像本身没有绝对的好与坏之分，关键看怎样理性地看待偶像。偶像的崇拜过程，本质是成长中自我塑造的过程，希望我们能理性追星，把握有度，不在追星中失去自我，因为一个人最终只能成为自己。让我们借助偶像来成就一个更好的自己吧！

青少年追星、偶像崇拜，其心理原因主要有以下几点：

1. 内心需求和精神寄托。有些同学将偶像视为一种精神动力，带来成长的快乐，促进自我健康发展。当我们走过童年，面对纷繁的世界，往往感到无所适从，于是我们开始思索自我的意义。我是个什么样的人？要做一个什么样的人？因此急需一个在现实生活中看得见、摸得着的活生生的形象作为自我的代表。我们在公众人物中寻找，明星自然成了我们精神的寄托。从这个角度来说，偶像是我们的代言人，是我们的理想自我，是一种精神层次或是形象上的理想自我，在某种程度上也是我们心目中的未来。当然，若把握不当，也会产生诸多负面影响。有些同学对偶像的崇拜用心过深，把自己的喜怒哀乐都交给了偶像，而对学习的兴趣却大打折扣。有些同学的言行举止、穿着打扮等一味模仿偶像，虽然这一方面可以体验到一种愉悦，丰富自己的内心情感世界，但另一方面也可能导致失去自我，降低对周围事物自主评价的能力。

2. 从众心理。虽然青少年喜欢表现自己的个性，而且有时也会把追星看成表现自己个性的手段；而事实上，不管自觉还是不自觉，追星反映了一种从众心理。青少年非常喜欢相互比较，同学之间的相互影响使他们将追逐偶像看成一种时尚。如果哪位同学不参加这些活动或是不懂，一方面会害怕自己被同

学视为落伍，另一方面也担心可能被同学排斥，因为追星和不追星的同学之间可能少一些共同语言。

3. 偶像也是青少年心目中父母的替代者。青少年在生理上有了突飞猛进的发展，但心理上的发展还略微滞后一些。生理的发展使我们感觉自己长大了，希望能够像个成年人那样独当一面，渴望摆脱父母控制；然而，有限的生活经验和生活能力又让我们离不开父母。儿时我们可能觉得父母有力量，值得我们佩服，而随着年龄和知识的增长，我们会发现他们并不是那么高大、有能耐，他们也有很多不足，甚至还有不如我们之处。而这个时候恰好又是我们需要一个理想化形象的时候，光环下的明星也就成了我们的选择。他们有能力，有地位和独立精神，这样我们可以通过偶像崇拜来实现独立自主的心理。从某种意义上来说，这是把偶像作为父母的替代者来指导自己的生活。

4. 青春期的情感萌动。有的同学内心需要一个情感寄托，可能会把偶像当成白马王子、白雪公主，当成“男神”“女神”，这也无可厚非。但是如果陷得太深，不能自拔，就会对正常学习和生活产生负面影响。

我们在追星或是偶像崇拜的过程中，要多些理性，少些冲动，这样对我们的成长更有利。

方法指南

“星情”悟语

我们在追星的过程中，要注意做到以下几点：

1. 不盲目。你所崇拜的偶像应该是真正值得你崇拜的，不应该是徒有其表，而是有高尚的人品和超凡的气度，应该不仅仅吸引你的眼睛，更能震撼你的心灵。

2. 不疯狂。不要在追星上

滥花时间和金钱，因为“星”的光环不应该笼罩在你的身上，更不该成为你生活的全部。

3. 摒弃狭隘的心态。同学们所崇拜的偶像有同有异，不能因为偶像的不同就对别的同学持有排斥甚至敌对的态度。

4. 善于从自己崇拜的偶像身上吸取积极的人生经验。

总之，不要迷失了自己，可以以偶像为动力为榜样不断努力。如此，走过青春后我们会依然感谢这段岁月，感谢这样一个人，因为他曾经帮助你成就了一个更好的自己。

通过本课的学习，你有哪些感悟和收获？想一想，记录下来。

____

____

____

在竞争中合作共赢

当前社会，竞争无处不在，成为社会向前发展不可或缺的力量。在学校里也是如此，比如学习竞争、班干部选举竞争、体育比赛等，竞争也成了我们成长的动力。有竞争就会有成败，竞争的结果会或多或少地影响我们的心理，包括对自己和他人的认识，以及人际关系的处理。与此同时，合作也成为社会及个人发展中至关重要的主题。我们该如何面对竞争？如何在竞争中做到合作共赢呢？

暖身活动 握 手

1. 两位同学一组，面对面站立。

2. 两位同学把手握在一起，置于两人中间位置，老师发出口令“开始”，两位同学就立刻使劲儿，努力把对方的手拉过来靠在自己的腰上，成功者得1分。

3. 老师喊10次口令，得5分以上者获胜，可以获得奖励。

4. 统计获得5分以上、获得5分及5分以下的同学，分别邀请一个代表谈谈自己的感受。

讨论分享：

1. 你在本次活动中的感受是什么？

2. 联系现实生活与学习经历，你想到了什么或是得到了什么启发？

______

______

______

活动一 故事阅读

挪威人喜欢吃沙丁鱼，尤其是活鱼。市场上活鱼的价格要比死鱼高许多，所以渔民总是千方百计地想办法把沙丁鱼活着送到渔港。可是虽然经过种种努力，绝大部分沙丁鱼还是会在中途因窒息而死亡。但有一条渔船总能让大部分沙丁鱼活着回到渔港。船长严格保守着秘密。直到船长去世，谜底才揭开。原来是船长在装满沙丁鱼的鱼槽里放进了一条鲶鱼，鲶鱼的食物是沙丁鱼，鲶鱼进入鱼槽后，由于环境陌生，便四处游动。沙丁鱼见了鲶鱼十分紧张，左冲右突，四处躲避，加速游动，这样的结果不仅避免了被鲶鱼吞吃，而且也提高了自身的生存能力。

讨论交流：

1. 鱼槽内放入天敌鲶鱼后，为什么沙丁鱼不是死得更多，而是大多数存活下来了呢？

2. 校园生活中有过哪些竞争活动？这些活动给我们带来的影响和意义是什么？

______

______

______

活动二 穿越火线

活动材料：

1. 准备一些便笺，分别写上不同的指令，如“蒙上眼睛”“绑住双手”“绑住双脚”“两人的手绑在一起”“两人的脚绑在一起”等。

2. 口哨。

活动程序：

1. 6~8人一组，排成一列。

2. 教师在地上画出两条平行曲线，要求每个小组成员依次从一端以最快的速度穿越火线，到达另一端的“安全地带”。

3. 小组根据每位组员情况分派便笺，然后组员根据便笺指令蒙上眼睛或绑住双手等。

4. 每两组进行竞争，教师一声令下，两组同学立刻向“安全地带”跑，看哪个小组最先全部到达。

讨论分享：

1. 你在活动中扮演什么角色？你的感受是什么？

2. 在活动中，你是否帮助了他人？是否得到了别人的帮助？

3. 听了同学之间的讨论，你想到了什么？感悟到了什么？

____

____

____

活动三 你追我赶话竞争

正当竞争可以促进进步。同学们，你希望自己每天收获多一点吗？让我们找一个适当的竞争对象，开展一场“你追我赶”的竞争吧。

1. 选择竞争对象

（1）与自己相比，竞争对象在某一方面要比自己强；

（2）自己与竞争对象的差距不能过大；

（3）竞争对象所处的环境与自己相似。

根据以上标准，我为自己选择的竞争对象是：______________________。

2. 分析竞争对象

（1）竞争对象比自己强的方面是什么？为什么比自己强？

（2）自己比竞争对象强的地方是什么？自己为什么在这些方面比他强？

（3）自己跟竞争对手在哪些方面差不多？

（4）自己在竞争中取胜的有利因素是什么？

（5）两个人有没有可以相互合作、共同进步的方面？

____

____

____

3. 制订竞争计划

要在竞争中促进自己的进步，就必须认真制订一个切实可行的计划。

我的计划：__________________________________

____

____。

万事俱备，亲爱的同学们，快行动吧！

方法指南

怎样实现良性竞争

竞争是我们学习生活中不可或缺的力量，也是我们成长的动力。良性竞

争能激发人的斗志，使人不断克服前进中的困难，以达到自己的目标，也能促进集体的共同进步。怎样才能实现良性竞争呢？

第一，培养竞争意识。竞争意识是指个体或团体在某些方面力争胜过对方的一种心态。几乎每个人都有渴望成功的愿望，有超过别人的冲动。这种心理如果运用得好，会激发人的进取精神，使人更加勤奋和努力；竞争还会提高人们的紧迫感和危机感，从而激发大脑思维，提高学习效率；竞争还可以作为评估自己学识和能力的手段，使自己明白自身的优势及与别人的差距，进而扬长避短，促进自己的发展。

第二，相信自己，勇敢面对竞争。在竞争中，要相信自己有能力实现所追求的目标，而不是看到别人的长处就自惭形秽，退避三舍。一个不敢相信自己的人是没有办法去和别人竞争的，因此要发扬自己的长处，即使在竞争中处于劣势时，也不要就此萎靡不振，而是要保持积极进取的态度。尽力做到最好，就是最大的成功，决不要采取贬低或是破坏对方的方式来获益，也不要采取不正当的手段进行竞争。

第三，积极向竞争伙伴学习。要记住，我们竞争的目的不是贬低别人，而是通过竞争提升自己的能力。竞争伙伴就是一面镜子，可以照到我们的不足，让我们在竞争中不断发现自己的问题。如果我们能积极学习竞争伙伴的优点，改善自己的不足，即使在竞争中处于劣势，但与过去相比，我们也做了更好的自己，不断自我完善了。海明威曾说过这样一句话：“优于别人，并不高贵，真正的高贵应该是优于过去的自己。”另外，与别人竞争的同时也别忘了和自己竞争。李宗盛有句歌词：“我们都是和自己赛跑的人，为了更好的未来拼命努力，争取一种意义非凡的胜利。”竞争、合作、共赢，做更好的自己！

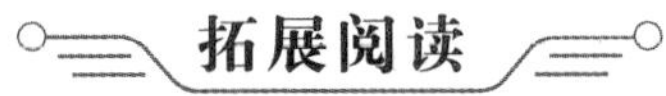

合作与竞争

乒乓球是中国的国球，我国无数的乒乓健儿在各大国际赛事上取得过辉煌的成就，为国家赢得了不朽的荣誉。在这些乒乓健儿中有两个名字你也许不会陌生——刘国梁和孔令辉。

刘国梁和孔令辉，既是实力相当的竞争对手，又是情同手足的合作伙伴。他们师出同门，同时披上国字号战袍。在那个鲜花遍开的五月，“六载朝思暮想，一夜春华秋实”，喜捧斯韦思林杯（男子团体冠军杯）的激动荡涤着年轻的梦想，两个要好的朋友又一起同时打进男子单打决赛。可是，当男子单打冠军杯真的摆在面前时，这对好朋友突然意识到结局的残酷：自己的胜利就意味着好友的失败。可贵的是，在赛场上，他们完全展示出自己的智慧和才能。刘国梁出其不意，孔令辉稳中带凶，激烈的比赛战至决胜局。最终，左右开弓的孔令辉成为男单新科状元。没有想象中的欣喜若狂，我们看到的是异常平静的孔令辉，还有他脸上那甚至有些不好意思的笑容。刘国梁的脸上曾掠过一丝失望，但毕竟是自己最好的朋友夺得了冠军，他的祝贺是发自心底的。这场比赛让两个好朋友懂得了怎样面对竞争与合作。在后来的比赛中，他们又携手夺得男子双打冠军。

感悟和收获

通过本课的学习，你有哪些感悟和收获？想一想，记录下来。

____

____

____

思维飞扬

思维品质主要包括敏捷性、灵活性、深刻性、创造性和批判性等五个方面，这五种品质深刻影响着一个人学习、生活的方方面面。如何让自己头脑中的思路清晰起来，突破定向思维，在思考问题的时候不钻牛角尖呢？本节课就让我们一起通过轻松的活动，使思维飞扬起来吧！

暖身活动 头脑保健操

“唱反调”

1. 游戏规则：做出与老师口令相反的动作。

2. 听老师口令，集体完成。

（1）抬头；（2）坐下；（3）向前看；（4）举左手；

（5）摇头；（6）男生起立；（7）双手放下；（8）向左转。

在活动过程中，你的感受是什么？需要怎样的思维品质才能做出正确而迅速的反应呢？

____

____

活动一 一笔成画

下面四幅图，请你想一下如何一笔画成，不能重叠已经画过的线条。

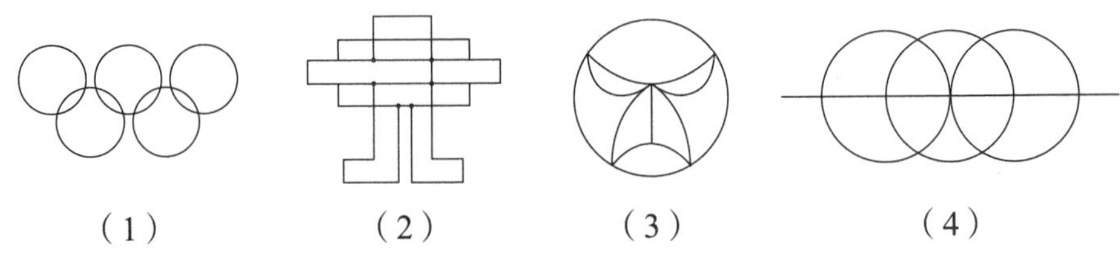

（1）（2）（3）（4）

活动二 思维体操

请充分发挥想象力，想一想如果出现下面这些情况，将会发生什么事情。请尽可能多地想出与众不同的事情来。

（1）人类可以选择其他星球居住了。________________

（2）全国停电一个月。________________

（3）没有文字。________________

（4）人永远不会死。________________

活动三 杨辉三角

下面这个数表的排列规律，是由我国宋元时期的数学家杨辉首先发现的。由于它的形状是一个三角形，因此称为“杨辉三角”。前五行已经给出了，你能写出第六行的数吗？第七行呢？有什么规律吗？

1

1 1

1 2 1

1 3 3 1

1 4 6 4 1

活动四 头脑风暴

每一个问题都不要追求唯一答案，答案可以多种多样。

1. 刚入某小学一年级的新生中，有两个长得一模一样的男孩。报名表上他们不但出生年月相同，而且连父母姓名也相同。有人问他们："你们是双胞胎吗？"两个孩子出人意料地回答："不是。"你知道他俩之间的关系吗？

2. 1+2=?

活动五 眼明心亮 心灵手巧

手指以及眼球的活动可以使我们的大脑更加灵活。让我们来一起动动手指，转转眼球，放松一下吧！

心海导航

知识链接

思维技巧

思维是人类所具有的高级认识活动。按照信息论的观点，思维是对新输入信息与脑内储存知识经验进行一系列复杂的心智操作的过程。一般我们所说的思维方式有以下类型：

1. 归纳思维：从一个个具体的事例中推导出它们的一般规律的思维。

2. 演绎思维：把一般规律应用于一个个具体事例的思维。它是从一般的原理、原则推及个别具体事例的思维方法。

3. 批判思维：合理的、反思性的思维，其目的在于决定我们的信念和行动。在解决问题的时候，历来都强调批判思维。批判思维包括独立自主、自信、思考、不迷信权威、头脑开放、尊重他人等六大要素。

4. 集中思维：从许多资料中，找出合乎逻辑的联系，从而导出一定结论、一种解决办法的思维。

5. 侧向思维：利用“局外”信息来发现解决问题的途径的思维，如同眼睛的侧视。侧向思维就是从其他领域得到启示的思维方法。

6. 求异思维：也叫发散思维，是指大脑在思维时呈现一种扩散状态的思维模式。数学中的一题多解及语文中的“一事多写”属典型的求异思维。

7. 求证思维：用自己掌握的知识和经验去验证某一个结论的思维。求证思维的结构包括论题、论据和论证方式。每个人每天都会用到求证思维。

8. 逆向思维：从反面想，看看结果是什么。

9. 横向思维：简单地说就是左思右想，思前想后。这种思维大都是从与之相关的事物中寻找解决问题的突破口。横向思维的思维方向大多是围绕同一个问题从不同的角度去分析，或是在对各个与之相关的事物的分析中寻找答案。

10. 递进思维：以目前的一步为起点，以更深的目标为方向，一步一步深入达到的思维。

11. 想象思维：就是在联想中思维，这是在已知材料的基础上经过新的配合创造出新形象的思维，是由此及彼的过程。

12. 分解思维：把一个问题分解成若干部分，从每个部分及其相互关系中去寻找答案。

13. 推理思维：是一种逻辑思维，即通过判断、推理去解答问题。先要对一个事物进行分析、判断，得出结论，再以此类推。

14. 对比思维：通过对两种相同或是不同事物的对比进行思维，寻找事物的异同及其本质与特性。

15. 交叉思维：从一头寻找答案，在一定的点上暂时停顿，再从另一头找答案，也在一定的点上停顿，两头交叉汇合沟通思路，找出正确的答案。在解决较为复杂的问题时经常用到这种思维方式。

16. 转化思维：在解决问题的过程中遇到障碍时，把问题由一种形式转换成另一种形式，使问题变得更简单、更清晰。

17. 跳跃思维：跳过事物中的某些中间环节，省略某些次要的过程，直接到达终点。

18. 直觉思维：一次性猛然接触事物本质的思维，它是得出结论后再去论证。这种思维需要平时对事物本质认识的积累。直觉思维由“显意识→潜意识→显意识”构成一个动态整体结构，以整体性和跃迁性区别于其他思维形式。

19. 渗透思维：分析问题时，看到错综复杂的互相渗透的因素，通过对这些潜在因素关系的分析解决问题。

20. 统摄思维：凭借思维来把握事物的全貌，并统摄推论各个环节。它用一个概念取代若干个概念，是一种高度抽象的思维。

21. 幻想思维：脱离现实是它最主要的特点。幻想思维可以在人脑中纵横驰骋，也可在毫无现实干扰的理想状态下进行任意方向的发散。因为幻想的脱离实际，也就无法避免错误的产生，但只要幻想最终能回到现实中来并加以现实的检验，错误就会被发现和纠正。

22. 灵感思维：人们在创造过程中达到高潮阶段时出现的一种最富有创造性的思维突破。它常常以“一闪念”的形式出现，是由人们的潜意识思维与显意识思维多次叠加而形成的，也是人们进行长期创造性思维活动达到的一种境界。

23. 平行思维：为了解决一个较为大型的问题，从不同的方向寻求互不干扰、互不冲突的方法来解决问题的一种思路。它也是发散思维的一种形式。

24. 组合思维：在思维过程中，通过对若干要素的重新组合，产生新的事物或是创意。组合法是根据需要，将不同的事物组合在一起，从而创造出新的事物。

25. 辩证思维：以变化发展的视角认识事物的思维方式，通常被认为与逻辑思维相对立。运用辩证法的规律进行思维，主要运用质与量互相转化、对立统一、否定之否定三个规律。

26. 综合思维：多种思维方式结合起来运用。很多问题光靠一种思维方式是不能解决的，必须多种思维方式综合运用。

方法指南

（一）自我反思

美国著名心理学家托兰斯在进行了大量的研究后认为，以下做法有利于提升人的思维能力。请你对照一下，看自己哪些做到了，哪些还要努力。

1. 听人说话、观察事物、行动时要专心致志。

2. 说话、写作文时常用类比的方法。

3. 全神贯注地读书，写字，绘画。

4. 完成老师布置的作业后有兴奋的感觉。

5. 敢于向权威挑战。

6. 习惯于寻找事情发生的各种原因。

7. 仔细观察事物。

8. 能从他人的说话中发现问题。

9. 从事创造工作却忘了时间。

10. 能发现问题以及问题相关的各种关系。

11. 持有好奇心。

12. 有所发现时精神非常兴奋。

13. 遇到困难时不气馁。

14. 经常思考事物的新答案、新结果。

15. 思考解决问题的多种方法。

16. 能产生新的设想，即使在游玩时。

（二）十二个“聪明的办法”

1. 加一加：在这个东西上添加些什么，会有什么结果？

2. 减一减：在这个东西上减去些什么，会有什么结果？

3. 扩一扩：将这个东西放大、扩展，结果会怎么样？

4. 缩一缩：将这个东西压缩、变小，会怎么样？

5. 变一变：改变一下形状、颜色、音量、味道、次序，会怎么样？

6. 改一改：这个东西还存在什么缺点？有改掉的办法吗？

7. 联一联：把某些事件或东西联系起来，能帮我们达到什么目的？

8. 学一学：有什么事物可以让自己模仿、学习吗？

9. 代一代：有什么东西能代替另一样东西吗？

10. 搬一搬：把这个东西搬到别的地方，还能有别的用途吗？

11. 反一反：如果一个东西或一件事情正反、上下、左右、前后、横竖、里外颠倒一下，会有什么结果？

12. 定一定：为了解决某一个问题或是改进某一件东西，比如为提高学习、工作效率和防止可能发生的事故，需要规定些什么？

通过本课的学习，你有哪些感悟和收获？想一想，记录下来。

____

____

____

第二十六课 提升注意的品质

注意是知识的窗户，把自己的注意力集中起来，就等于打开了智慧的天窗，让智慧的细雨洒遍我们的心灵。但在日常学习中有时会遇到这种情况：我不是不想认真学习，不是不想好好听讲，但就是注意力集中不起来。其原因是什么呢？又该怎么办呢？这堂课让我们一起来探索、训练，看能不能找到可以帮助我们的方法。

暖身活动 抓和逃

游戏规则：每个小组的同学围成一个圈，伸出右手，掌心朝下，伸出左手食指，顶住左边同学的右手掌心。接下来听老师讲述下面这个故事，当听到“乌鸦”这个词时，就用右手去抓顶住自己右掌心的手指，而自己的左手指则要尽快逃脱。

森林里有一座城堡，里面住着可怕的巫婆和他的仆人乌鸦。有一天，借着风势，天上飘来一片片乌云，很快就乌黑乌黑的，什么也看不见了，不一会儿就下起了大雨。在狂风暴雨中，巫婆听到有人在敲门，开门一看，原来是一只乌龟，还有一只乌贼。它们求巫婆让它们进屋，可是乌鸦不同意，因为它和

乌龟是多年的宿敌。雨越下越大，大家也越吵越凶，乌贼指着乌云对巫婆说："雨这么大，乌鸦却不让我们进去，我和乌龟都会生病的，再不开门，我一定会让你的城堡变得乌烟瘴气。"最后，巫婆还是没有给它们开门。没多久，雨停了，太阳出来了，乌云也散了。巫婆和乌鸦这才打开门，看见乌龟和乌贼已经冻得缩成一团了。

活动一 注意力自测

现在请根据自己的实际情况回答以下问题，在括号内填上"是"或"否"。

1. 听别人讲话时，常常心不在焉。 （　　）
2. 上课时，往往想去干别的事情。 （　　）
3. 一有担心的事情，就整天放在心上。 （　　）
4. 学习时总是觉得时间过得很慢。 （　　）
5. 被指责的情景始终不能忘记。 （　　）
6. 有时忙这忙那，一天里面仿佛什么都想干。 （　　）
7. 上课时，经常打瞌睡。 （　　）
8. 与人说话时，会不自觉地想起无关的事情。 （　　）
9. 想做的事很多，却不能专心做好一件事情。 （　　）
10. 对于刚看完的书，再看时又像新书一样。 （　　）
11. 读书不能持续一个钟头以上。 （　　）
12. 一件事情干得时间稍长，就急躁地希望早点结束。 （　　）
13. 在学习的时候，对周围人的说话声听得很清楚。 （　　）
14. 学习时，头脑中常常会想起一些毫不相关的事情。 （　　）
15. 等人时，时间会很难熬。 （　　）

计分方法：每题回答"是"得1分，回答"否"得2分，相加即得总分。

自测标准：30~29分，很好；28~26分，好；25~22分，一般；21~19分，稍差。

自我分析：你的分数如何？扣分的原因是什么呢？

____

____

活动二 寻找对策

以小组为单位交流自己注意力不集中的原因，大家共同寻找对策。

原因预设：受外界干扰，受到老师批评，与同学闹矛盾心情不好，对所学学科不感兴趣，听不懂等。

讨论解决办法：

（1）受外界干扰

办法预设：

① 自我暗示：自我暗暗地在心里说现在是上课时间，不能分心。

② 请同桌监督提醒自己。

③ 自我小小地惩罚一下：自己打自己一下。

④ 课前跟老师说好上课多提问自己，或是提醒一下。

⑤ 积极思考，或是课前预习找出问题，带着问题听课，让大脑没时间想别的。

请因“受外界干扰”这个原因走神的同学说说哪种办法适合自己，为什么，还有没有其他办法。

（2）心情不好

办法预设：

① 看看笑话或是漫画书，使自己心情放松。

② 把自己的烦恼向信任的人倾诉，如朋友、父母、老师等，请他们帮忙。

③ 多想想过去高兴的事情，转移不好的情绪。

④ 做一些运动，或是找个没人的地方大叫，把心中的郁闷发泄出来。

⑤ 把烦恼写在纸上，然后撕掉或是扔掉。

请因“心情不好”这个原因走神的同学谈谈哪种办法可以帮到自己，使自己不会因心情而走神。在这方面大家还有什么方法可以让心情“阴转晴”吗？

（3）不感兴趣

办法预设：

① 自我激励、提醒，如在小纸条上写上“这门课很重要，我必须认真听”“这门课很有意思，我要好好学”等提示语，然后贴在显眼的地方。

② 多想想如果考出好成绩会感觉多好，如因这门课拉了总成绩的后腿会感觉多糟。

③ 想想这门课对将来升学的重要性。

④ 想想父母、老师的期望。

⑤ 寻找这门课的知识点在现实中的用处。

请有这方面原因的同学谈谈这样可以吗，还有没有其他方法。

（4）听不懂

办法预设：

① 提前预习。

② 自我提醒鼓励，相信努力去听，就会越来越懂。

③ 有计划地多复习、多问。

④ 把不懂的知识点记下来，课下再找老师、同学请教。

请有这方面原因的同学谈谈这些方法能否帮到自己，还有没有其他方法。

活动三 多角度训练

找到干扰注意力的因素，并试着消除，这样可以让注意力相对集中起来。我们还可以通过训练来提高注意力的品质，下面几个方法让我们来一起试试吧。

1. 秒表训练法

手中拿一块秒表，看它一分钟的走动。假如一分钟内注意力没离开秒针，就延长观察到2分钟。等到确定了注意力不离开秒针的最长时间后，再按此时间重复三四次，每次间隔时间10~15秒。若能将注意力连续集中5分钟，就已经是很好的成绩了。这种训练每天可以进行数次。

2. 抗干扰力训练

（1）记忆雪球

全班同学共同参与，三名同学组成一小组，甲同学说一个词语A，乙同学加一个词语说A、B，丙同学再加一个词语说A、B、C，然后甲同学接下去说A、B、C、D，乙同学说A、B、C、D、E……以此类推。（此处字母可代表一个词或是一个短语）

（2）自我训练

找一段平时背熟的课文，一边背一边在旁边制造干扰，干扰刺激源可以是电台广播、录音机、电视等，然后测一下背诵的正确率。训练内容也可以换成阅读课文、定量作业等，至于干扰的强度、持续时间及训练次数的安排，要由弱到强、由少到多。

3. 大脑抽屉法

太阳为什么总是东升西落?

（26+7+4+13）÷5=?

天空的“空”字是什么结构?

对每一题思考半分钟，思考每一题时，思想不能开小差，尤其不能想另外两题。训练的关键是想好一题后再想另一题，使注意力自如地从一件事情转移到另一件事情，就像开抽屉，一个一个地开。

4. 注意力的日常训练

训练注意力可以从观察身边的事物开始。在上下学的路上，看一看周边建筑、环境布置各有什么特点，有没有变化，你的感受如何，可试着把观察的结果讲给同学听。

活动四 想象训练

当我们在学习任务重、压力大、比较紧张时，容易心态浮躁精神涣散，难以集中注意力。怎么办呢?下面的想象训练或许是一个可以试试的办法。

请先坐直，两脚叉开，脚面平行，两脚距离与肩等宽，双手放在两腿上，手心朝内，微闭双目，内视鼻尖，以鼻对口，以口问心，全身放松，想

象自己心灵深处有一汪湖泊。湖面平静，没有一丝涟漪。岸边长满了花草树木，花草树木的影子倒映在湖水里，色彩斑斓，十分清晰。一朵牡丹花在湖面上倒映出来，粉红的花瓣和细嫩的花蕊上点缀着金黄色的花粉，随风摇曳。

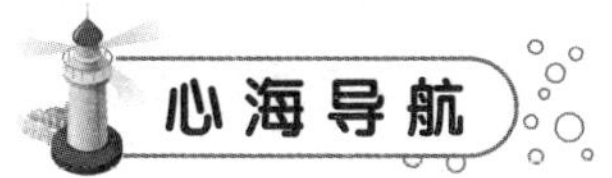

知识链接

提升注意品质

注意力是指人心理活动指向和集中于某种事物的能力。俄罗斯教育家乌申斯基曾精辟地指出："注意是我们心灵的唯一窗户。意识中的一切，必然都要经过它才能进来。"

在日常学习生活中，很多同学或多或少地存在走神现象，尤其是处于青春期的我们。有的同学不管哪节课都走神，有的同学则部分科目走神，有的同学常常是在某个时候出现走神。尽管很多同学下过多次决心要改变这种局面，但就是改不了，为此非常苦恼。

要改变这种状况，首先必须清楚上课走神的原因。据调查研究，上课走神的原因大致有五种：

第一，部分接受能力强的同学反应敏捷，理解教学内容快，常常处于吃不饱状态。他们认为教师讲课节奏太慢，内容太简单，听不听都无所谓，因此容易出现走神。

第二，部分基础知识有欠缺的同学，上课总是跟不上老师的节奏，常常不知道老师讲到哪里或是听不懂，理解不了，因而出现走神。

第三，有的同学总是凭兴趣听课，遇到不喜欢的学科和老师就不认真听课，久而久之，就会出现上课走神的情况。

第四，有的同学过去养成了不良的学习习惯，上课注意力总是不集中，于是自己认为不可救药了，从而放弃了努力，任由自己处于走神状态。

第五，身体原因。有些同学体质欠佳，或是不吃早饭造成血糖供应不足，又或是作息时间安排欠妥，大脑无法长时间运转，难以集中精力投入学习，因而会不由自主地走神。

第六，深层次心理原因。一个人的学习兴趣来自于幼儿时期对外界的探索，而只有内在安全感充足的孩子，才敢放心对外界进行探索，也从而能在长大后安心地进行知识的学习和探索。

方法指南

当注意力无法集中而影响学习时，不妨采用以下方法来调整：

1. 养成良好的生活习惯

按时作息，不要贪黑熬夜，以免早晨起不来，即使勉强起床也是头脑昏沉，一整天打不起精神，有时还会伏在桌子上打瞌睡。学生主要的学习任务在白天，若白天无精打采，学习效率必然低下。另外要合理膳食，吃好早餐，以保证营养的供应。

2. 学会自我减压

初中比小学学习任务重，老师、家长的期望又给同学们心理上加了一道砝码，加之一些同学对自己的考试成绩看得很重，自己给自己加压，长此以往必然会不堪重负，变得疲惫、紧张和烦躁，心灵上难得安宁。我们要学会自我减压，不要把成绩看得过重。一分耕耘一分收获，只要我们平时努力付出，必然会有好的回报，又何必让一时的忧虑占据心头，去自寻烦恼呢？

3. 做些放松训练

舒适地坐在椅子上或是躺在床上，然后向身体各部位传递休息的信息。先从脚开始，使脚部肌肉绷紧，然后松弛，同时暗示它休息，再依次从脚踝、小腿、膝盖、大腿，一直到躯干，然后从双手放松到躯干，最后从躯干开始到

颈部、头部、脸部全部放松，每次可以按顺序重复几遍。这种放松训练的技术需要反复练习才能较好地掌握，而一旦掌握了这种技术，你就能在短短的几分钟内达到轻松、平静的状态。

4. 做集中注意力的练习

我国年轻的数学家杨乐、张广厚，小时候都曾采用快速做习题的办法严格训练自己的注意力。下面为大家介绍舒尔特方格训练法：在一张25个小方格的正方形表格中，将数字1~25打乱顺序，填写在里面，然后以最快的速度从1数到25，边读边指出，并计时。

25	7	13	10	19
9	24	17	11	14
23	16	1	8	21
15	18	2	4	20
22	12	3	6	5

你可以自己制作一些这样的方格，每天训练一遍，等训练效果很好后，可以尝试训练36格、49格，相信你的注意力一定会逐步提高。

另外还可以用听秒表的方式来训练听觉注意。当我们去做一件事情时，将大脑放空，忘掉与此无关的其他事情，专注于当下。只要自己的所有思维和精力能专注于此时此事，心无旁骛，专心致志，注意力自然也就能高度集中了。

感悟和收获

通过本课的学习，你有哪些感悟和收获？想一想，记录下来。

记忆风暴

记忆，是学习的重要环节，是巩固知识的重要手段。科学记忆，有利于提高学习效率，有利于加速知识积累。这节课就让我们一起掀起记忆风暴，寻找提升记忆力的窍门与方法，发掘大脑的巨大潜能吧。

暖身活动 听指令做动作

看一看下面数字与动作的对应，然后按照老师的数字指令做出相应动作。

头顶，请摸摸你的头顶，这是1。

眼睛，请眨眨你的眼睛，这是2。

鼻子，请摸摸你的鼻子，这是3。

嘴巴，请指指你的嘴巴，这是4。

耳朵，请拉拉你的耳朵，这是5。

脖子，请摸摸你的脖子，这是6。

你做对了多少？感觉如何？你觉得怎样才能更好地记忆呢？

活动一 信心提升

有一些同学总是在埋怨自己笨，记忆力比别人差；其实不然，只要遵循记忆规律，谁都可以提高自身的记忆力。如果不相信，请试着回答下面的问题。

1. 写下两首儿童时期所背诵的古诗。

2. 写出儿童时期认识的十位伙伴的姓名。

3. 回想一下刚上中学时所记的10个英语单词。

4. 回忆一下孩提时代一段非常有趣或惊险的经历。

5. 写出两位小学老师的姓名。

6. 试着把三年前读过的某本书的大概内容复述出来。

7. 把自己第一次上讲台的情形描绘出来。

8. 想想看，谁是自己进入初中后第一个学习上的好朋友。

____

9. 五年前参加过什么重要的仪式？想一想并把当时的情形描绘出来。

____

____

____

10. 试着写一段以前听过的有趣的故事。

____

____

____

11. 回忆一下自己第一次出远门时的情形。

____

____

12. 试着回想一下曾令自己非常尴尬的场面。

____

____

结果怎么样？你能回答出几个来？你是不是对自己有了新的认识？

____

____

“我一定能够记住它！”这种信念对于记忆十分重要。自信心，是进行记忆活动最重要的心理准备之一。

对自己的记忆力有无信心，直接影响到记忆效果。无论是谁，如果在记

忆之前，具有一定要牢记以及一定能做到的信心，就会达到不可思议的记忆效果。有信心就能记住的道理在于：信心可以调动大脑神经细胞的积极性，使大脑越发活跃。

对自己的记忆力缺乏信心，就会形成消极的自我暗示，进而使记忆效果大打折扣，本来能够记住的东西也会因为不自信而记不住。

活动二 记忆判断

我们常说记忆时要眼到、手到、口到、耳到，这些都是摄取信息保持记忆的渠道。你知道你的记忆模式中哪种占有优势吗？快来测一测吧！

找一位同学做搭档来协助你完成该测试，并记好时间。

计算箱

4×6	7+4	9×5	8+7
9−3	18÷3	14−5	42÷7
5×9	26−13	17+5	6×8
11+11	28+5	6×7	31−4
17−8	24÷4	17+5	79−21
17−9	9×7	60÷5	9×8

第一步：测试四种不同记忆

测试你的阅读记忆

请阅读下面10个词，每个只能看2秒钟；紧接着看计算箱里的口算题，并心算出结果，共30秒；再用40秒钟回忆所看过的10个词。

手绢　钢琴　别针　窗户　火炉　盖子　把手　大衣　草坪　壁炉

测试你的听觉记忆

请搭档把下列词大声朗读给你听，每个词间隔2秒钟；紧接着看计算箱里的口算题，并心算出结果，共30秒；再用40秒钟回忆出听过的这些词。

罐头　拖鞋　地毯　羽毛球　玻璃杯　墨　糖　灯光　天平　柜子

测试你的视觉记忆

请搭档把事先准备好的下列物品逐个呈现给你，呈现间隔2秒钟；紧接着看计算箱里的口算题，并心算出结果，共30秒；再用40秒钟回忆所看过的物品。

硬币　钥匙　练习本　篮球　小刀　尺子　纽扣　毛巾　铅笔　苹果

测试你的触觉记忆

请搭档蒙上你的眼睛，然后间隔2秒钟把下列物品逐一放在你手里进行触摸识别；紧接着看计算箱里的口算题，并心算出结果，共30秒；再用40秒钟回忆所触摸物品的名称。

眼镜　筷子　牙刷　玻璃杯　书　手表　橡皮　鞋子　圆珠笔　锁

第二步：评估

请你将上述测试中回忆出来的词语和物品数量填入下表。

阅读记忆	听觉记忆	视觉记忆	触觉记忆

第三步：绘学习坐标

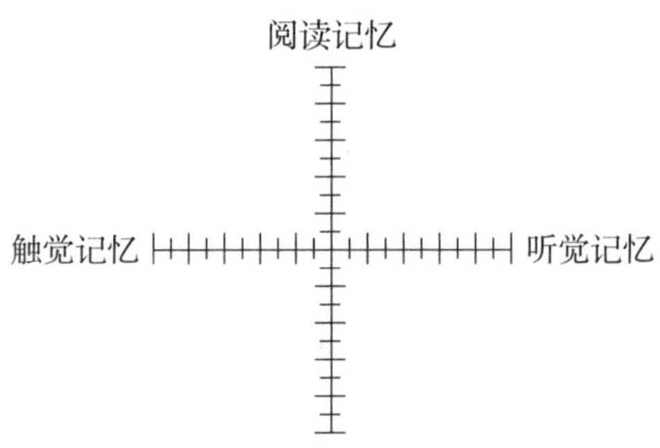

请将上面表格中四种方式的记忆结果以学习十字坐标的形式标示出来，并把标示出的四个点连接成一个四边形。

如果你所得到的四边形比较规则，说明你的大脑对各种信息的记忆能力基本相同；如果四边形向某一个方向偏离，说明对你来说这种记忆方式效果好；四边形面积越大，说明你整体记忆能力越好。

活动三 记忆训练

请想办法迅速记住下面的材料。

1. 词语记忆

火车　河流　风筝　大炮　鸭梨　黄狗　闪电　街道　松树　高粱

2. 限时强记

在3分钟内，背诵圆周率小数点后30 位数字：3.14159265358979323846264338327 9。

3. 数字记忆

手机号码：15010535101。

4. 年份记忆

383年淝水之战，1644年清军入关。

活动四 学而时习之

德国心理学家艾宾浩斯（Hermann Ebbinghaus）对遗忘现象做了系统的研究。他用无意义的音节作为记忆的材料，把实验数据绘制成一条曲线，这就是著名的"遗忘曲线"，也被称为"艾宾浩斯遗忘曲线"。该曲线表明了遗忘发展的一条规律：遗忘的进程不是均衡的，在记忆的最初阶段遗忘的速度很快，后来就逐渐减慢了，到了相当长的时间后，几乎就不再遗忘了，这就是遗忘"先快后慢"的规律。

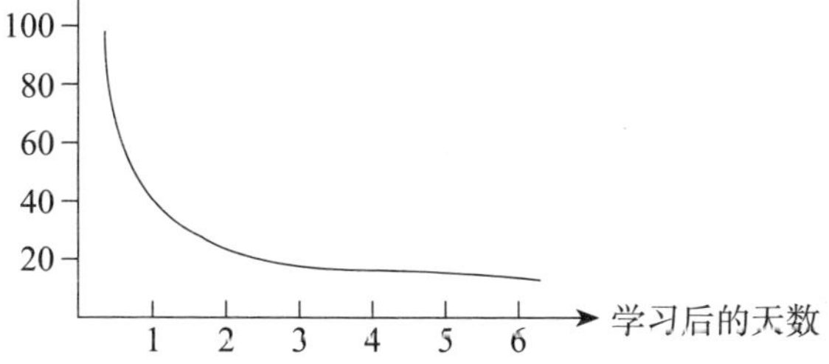

时间间隔	记忆量
刚刚记忆完毕	100%
20分钟之后	58.2%
1小时之后	44.2%
8~9个小时后	35.8%
1天后	33.7%
2天后	27.8%
6天后	25.4%
一个月后	21.1%

艾宾浩斯遗忘曲线给了我们怎样的启示？你对"学而时习之"是否有了新的理解？

方法指南

一、增强记忆的八大妙法

1. 五官感觉（Senses）。① 视觉：形状、颜色等；② 听觉：电话铃声、溪流声、说话声等；③ 触觉：如想象一块石头，感觉粗糙、刺手等；④ 味觉：如想象吃即食面是咸的；⑤ 嗅觉：如想象一束鲜花，它的香味令你心旷神怡。

2. 动感（Motion）。比如一只大象，静止的，是不好记住的，但假如你想象它正拉着一棵树，非常用力，就容易记忆了。

3. 幽默（Humour）、荒谬。用记忆术时，故事是不需要合理的，因为越是合理反而越难记住；相反，不合情理的、令人意想不到的、令人捧腹喷饭的事情容易被记住。

4. 夸张（Exaggeration）。将蚂蚁想象成像人一般高，甚至像山一般高，你记住它的机会便大了。

5. 色彩（Colour）。比如你想象一只猪鼻子是红色的，耳朵是绿色的，牙齿是洁白的，毛是黄褐色的。加入的色彩越多，便越记得牢。

6. 符号（Symbol）。将抽象的概念用一些具体化符号或对象去代表，便容易记住。比如看到“爱”，如你脑海中浮现出一个心形的图画，便能记住它了。

7. 自己（Myself）。以自己做主角，可增加亲切感和代入感，并能帮助记忆。

8. 正面（Positive）。尽可能想一些正面的、开心的、相关的经历，牢记这些内容便不再困难。

以上增强记忆的原理，大家务必记住。一旦你明白并掌握了这些原理，将它们用在日常的记忆活动中，便能体会到运用大脑多种功能去记忆的好处。就像用齐十只手指去打字速度会大大提升一样，运用多种大脑功能去记忆会使你的记忆力大幅提升。

二、联想记忆法

联想记忆，是利用识记对象与客观现实的联系、已知与未知的联系、材料内部各部分之间的联系来记忆。

1. 用联想法记忆数轴及其相关概念。学习数学有理数知识时，可将数及其概念与数轴这个形联系起来记忆。将有理数与数轴上的点联系起来，把互为相反数、绝对值、有理数大小的比较等直观化。首先明确数轴的三要素——原点、正方向、单位长度。其中原点相当于温度计的零点，向右为正方向，单位长度可视具体情况而定。数轴上表示的两个数，右边的总比左边的大。

2. 用联想法记忆历史年代。淝水之战发生于公元383年，通过“淝”可联想到肥胖，由肥胖想到胖娃娃，而8字的两个圆正好像胖娃娃的头和身体，两个3则像两个耳朵。这样一想就记牢了。

3. 用联想法记忆历史事件。汉代较大规模的农民起义有三次：一是公元17年发生的绿林起义，二是公元18年发生的赤眉起义，三是公元184年发生的黄巾起义。前两次发生在西汉，后一次发生在东汉。这三次起义的时间可以用对比法来记，但是起义名称的先后顺序容易搞混。为此，可采用联想记忆法来记忆。这三次起义的名称都有颜色，即绿、红、黄，可与枫叶联系起来记——枫叶春夏时绿，秋天变红，枯萎后变黄。

4. 用联想法记忆酸性氧化物的溶解性。酸性氧化物只有SiO_2是难溶的，其余的都是可溶的。可联想记作：只有沙子（SiO_2）不溶。试想，如果沙子能溶，河里的沙子岂不全化掉了。

5. 用联想法记忆地名。智利的首都“圣地亚哥”可记作：一个人的智力胜过弟弟，不如哥哥，即“胜弟亚哥”。

通过本课的学习，你有哪些感悟和收获？想一想，记录下来。

____

____

____

拒绝拖延

同学们，还记得那首《明日歌》吗？“明日复明日，明日何其多。我生待明日，万事成蹉跎……”日常学习生活中，几乎每个人都会有这种经历：明知道这件事最好现在就去做，今天就开始做，但总是一拖再拖，直到最后一刻才不得不仓促完成，甚至拖延过期。这背后的原因是什么呢？我们怎样才能克服这种拖延的现象，找回高效的自己呢？

活动一 我的拖延故事

以小组为单位交流自己的拖延故事，并请各小组推举代表在全班发言。

讨论分享：

1. 在刚才的活动中，讲出自己的拖延故事有什么样的感受？
2. 听了别人的故事，你有什么感受？你学到了什么？

活动二 原因来自哪里

小组讨论：你觉得是什么原因让自己把事情一拖再拖的？

____

____

活动三 抗“拖”之战

一、前景展望

1. 以小组为单位讨论交流：面对拖延，我最希望自己发生哪些变化？以“如果我不再拖延”为句子开头，讲述自己如果不再拖延会出现哪些变化。

2. 每小组选派代表在班级中分享，并交流这个环节中大家各自受到的启发。

____

____

二、拒绝诱惑

1. 三人一组，一人扮演诱惑（例如游戏、微信、电视等），一人扮演理智，一人扮演受诱惑的拖延者。

2. 诱惑者要说出各种吸引拖延者的理由，理智者要一一驳回，拖延者要做出决定。

3. 表演者在小组中分享感受，小组代表在班级中分享感受。

三、时段规划

在时间高效利用上有条“二八原则”，也就是“帕累托原理”，是指用20%的努力来实现80%的价值。我们每天都有一段时间是效率最高的，占一天时间的20%，尝试找出这20%的时间去完成一天计划中80%的事情，这样才可以达到事半功倍的效果。

1. 你一天当中最有效的时间段是什么时候？

2. 对你来说，每天最重要的事情有哪些？

3. 你对自己的时间是怎么规划的？

____

____

____

四、抗“拖”战书

我们已经通过一系列活动找到了拖延的原因，获得了抗拒诱惑的理由和动力，也找出了自己事半功倍的时间段，那么现在就让我们下达改变拖延的战书，开始抗“拖”之战吧！

项目	我的目标	具体执行	成功率
学习			
生活			
其他			

养成今日事今日毕的好习惯非一朝一夕之功。只要确立好目标，制订出计划，踏踏实实行动，并时常检查对照，不断改进，相信你一定能改掉拖延的坏习惯，取得胜利。

知识链接

患有拖延症的原因

1. 压力过大

任务越多、压力越大，越容易拖拉。少数人在重压之下会做得更为出色，但多数人在重压之下会把事情往后拖一拖，以让自己的感觉好一些。

2. 害怕失败

拖沓者害怕失败；所以，他们宁愿被别人认为是没有下足够的气力，而

不愿意被人认为是没有足够的能力。

3. 完美主义

有的人太想把一件事情做好，想着各种各样的计划，却一直都没有行动。完美主义者太在意别人的看法了，他们希望讨好别人，他们总在担忧自己如不完美就不会让人喜欢。

4. 不懂自我控制

比如，在写作业的时候，停下来吃点东西、喝点水、看看手机、打个电话、玩玩手指，想做什么事就去做，不懂自我控制。

5. 强迫倾向

这些人总是会不自觉地寻找自己愿望的对立面，结果就是：越想往前，就越往后。有些人天天下决心要早睡，却熬到三更半夜，这既是拖延症，也有点强迫心理。

6. 不自信

从心理层面分析，部分人对自身能力不自信是导致拖延行为的一个重要原因。心理专家认为，工作上曾遭遇过重大挫败、对自己不够自信的人，容易产生逃避心理，常以疲劳、状态不好、时间不足等为借口来拖延进度。专家认为，这部分人实际上很在意别人如何看待自己，他们更希望别人觉得他们时间不够、努力不够，而不是能力不足。

7. 任务重复

日复一日地工作，工作任务经常重复且没有挑战性，做起来觉得没有新鲜感或满足感，久而久之就容易出现懒散、拖延的情况，这属于动力问题。拖延有时在表面上看起来是意志力不够，实际上是动力不够。诚如拖延者所言：“不喜欢的工作也一定要做，那就等非做不可时再做。”

方法指南

一、怎样战胜懒惰和拖延

拖延不仅让我们将大量时间浪费在不重要的事情上，也给我们带来心理压力和焦虑不安的心情。怎样才能战胜懒惰和拖延呢?

1. 不苛求完美。有的同学在写作业时，过分苛求完美，强调细节，写错了几个字便撕掉重写，写作文时不文思泉涌，文采超人，就迟迟不肯动笔。做其他事情也是如此，一切追求完美，做不好时宁愿不去做，这样势必会造成拖延。

2. 培养自我监控能力。学会制订合理计划，给自己建立奖惩制度或是请人帮助监督自己，坚持按计划做事，直至完成计划。

3. 提升自信，培养兴趣。有的同学之所以拖延，是因为对自己没有信心，不相信自己能独立完成学习任务；或是对学习任务没有兴趣，得过且过，能拖则拖。因此，要从多途径增强自信，培养积极心态，并勇于接受失败，能从失败中获取经验。对于不感兴趣的学习任务，可以多角度思考问题，了解该学习任务对实现自己未来目标的作用是什么，从而产生兴趣。

4. 提高学习时间管理技巧，清除干扰。学习时，要分清事情的轻重缓急，提高时间利用效率。把零碎的时间利用起来，长时间的积累会让小时间有大价值。此外，要停止一切与学习无关的事情，如关掉QQ，关掉音乐，关掉电视等，将一切会影响你学习效率的东西统统关掉，全心全力地去学习。对于干扰计划的琐事坚决说“不”，也学会对别人的干扰说“不”。

总之，我们要结合自己的问题所在，有针对性地采取相应措施，以克服懒惰和拖延。

二、改进拖延的具体办法

1. 确立一个可操作的目标（可观察、具体而实在的），而不是那种模糊而抽象的目标。不是“我要停止拖延”，而是“我要在12月1日之前打扫和整理我的书桌”，即要设定一个务实的目标。

2. 不要异想天开，而要从小事做起。不要过于理想化，而要选择一个能

接受的程度最低的目标。不是“我绝不再拖延”，而是“我会每天花一个小时学习数学”。

3. 将大目标分解成短小具体的目标。每一个小目标都要比大目标容易达成，小目标可以累积成大目标。不是“我打算要写那份报告”，而是“今晚我将花半个小时设计表格，明天我将花半个小时把数据填进去，再接下来一天我将根据那些数据花一个小时将报告写出来”。

4. 现实地对待时间。问自己：“这个任务事实上将花去我多少时间？我真正能抽出多少时间投入其中？”不是“明天我有充足的时间去做这件事”，而是“看一下我的日程表，看看什么时候可以开始做。上次那件事所花的时间超出了我的预期”。

5. 只管开始做。不要想一下子做完整件事情，每次只要迈出一小步。要记住：“千里之行，始于足下。”不是“我一坐下来就要把事情做完”，而是“我可以采取的第一个行动是什么”。

6. 利用接下来的15分钟。任何事情你都可以忍受15分钟，你可以通过一次又一次的15分钟完成一件事情。因此，你在15分钟内所做的事情是相当有意义的。不是“我只有15分钟时间，根本做不完”，而是“在接下来的15分钟内，这件事的哪个部分我可以着手去做”。

7. 为困难和挫折做好心理准备。当你遭遇困难时，不要放弃。困难只不过是一个需要你去解决的问题，它不是你个人价值或能力的反映。

8. 可能的话，将任务分派出去。你真的是能够做这件事的唯一人选吗？这件事真的有必要去做吗？记住：没有人可以什么事情都做——你也是。不是“我是唯一一个可以做好这件事的人”，而是“我会给这件事找个合适的人来做，这样我就可以去做更重要的事了”。

9. 保护你的时间。学会说“不”，不要去做不必要的事情。为了从事重要的事务，你可以暂缓对某些事情的处理。不是“我必须对任何需要我的人有求必应”，而是“在工作、学习的时候，我没有必要接听电话、回复信息，我会收看短信留言，对于不紧急的事情，等我做完自己的事情后再回电话”。

10. 留意你的借口。不是“我累了（抑郁了、饿了、很忙、很烦等），我以后再做”，而是“我累了，所以我将只花15分钟写报告，接下来我会小睡片刻”。

11. 奖赏你一路上的进步。不是“除非我全部完成，否则我就会感觉哪里不对”，而是“我已经走出了几步，而且我做事非常努力，这感觉很好。现在我打算放松一下”。

最后，将拖延看成一个信号。不是“我又在拖延，我讨厌自己”，而是“我又在拖延，我的感受是怎样的？它意味着什么？我可以从中学到什么？”记住：你能够做出自己的选择。你可以拖延，你也可以行动。即便在你心里不舒服的时候，你还是可以行动。以往的历史无法决定你当下要怎样做。你可以从学习、成长和挑战自我中获得快乐。你不必等到完美之后才觉得自己有价值。

感悟和收获

通过本课的学习，你有哪些感悟和收获？想一想，记录下来。

____

____

____

我的职业我做主

青春是个满怀梦想的季节，梦想里有一份对未来所从事职业、所向往事业的憧憬。有人也许会说：现在就去想将来要干什么，会不会太遥远、太不现实了？其实不然，有着清晰职业理想的人，一定会比对未来迷茫的人拥有更强的学习主动性和兴趣。你希望将来从事什么职业？你适合从事什么职业呢？这节课我们就来一起探索吧。

暖身活动 猜职业

我来比画你来猜： 以小组为单位，每组选两名同学，一名背对黑板，另一名面向黑板。面向黑板的同学根据PPT所呈现的职业来表演，背对黑板的同学根据表演来猜是什么职业，看规定时间内哪个小组猜出的最多。

活动一 职业互换

1. 选取在不同领域有杰出成就的人，例如钱学森、陈景润、刘翔、刘欢等，请同学们说说他们在各自领域所取得的成就。

2. 职业互换，想象一下：如果他们职业互换，例如让钱学森来研究数学，让陈景润来研究原子弹、导弹，让刘翔去唱歌，让刘欢去跨栏，会是什么情景呢？

活动二 兴趣岛：我想干什么

职业探索

I岛："沉思冥想岛"。这个岛环境优美，人少僻静，适合夜观星象。岛上有很多天文馆、科技图书馆，岛民们喜欢天天猫在自己的小房子里钻研学问，哲学家、科学家和心理学家们在这里讨论学术，交流思想。

A岛："美丽浪漫岛"。岛上到处是美术馆、音乐厅，弥漫着浓浓的艺术文化气息。岛民们保留了传统的舞蹈、音乐与绘画风尚。许多文艺界人士都喜欢来这里开沙龙派对，寻求灵感。

S岛："温暖友善岛"。该岛的岛民们都性情温和，乐于助人，十分友善。大家互助合作，重视教育后代。每个社区都能自成一个密切互动的服务网络，处处充满着人文关怀气息。

E岛："显赫富庶岛"。该岛经济高度发展，处处是高级饭店、俱乐部、高尔夫球场。岛民性格热情豪爽，善于经营企业和开展贸易活动。岛上往来者多是企业家、经理人、政治家、律师等，这些商界名流与上等阶层人士在岛上享受高品质的生活。

C岛："现代井然岛"。处处耸立着的现代建筑，标志着这是一个进步的、都市形态的岛屿。岛上的户政管理、地政管理及金融管理都十分完善。岛民个性冷静保守，处事有条不紊，善于组织规划。

R岛："事必躬亲岛"。岛民喜欢亲力亲为，以手工制造见长，他们自己动手打造家具，制造工具，修建花圃，有自己比较实用的一技之长。

讨论分享：

假如给你七天的假期，你觉得在哪个或是哪些岛上度假最自在？

你最想去的是________________岛，其次是________________岛，最后是________________岛。

请读下表，然后根据自己的职业兴趣类型和人格特质，选出自己喜欢的十个职业。

兴趣类型	人格特质	相应职业
研究型 I Investigative	独立，自主，严谨，坚忍自制，好奇心强烈，敏感，慎重，聪明，抽象，喜欢分析，喜欢内省，爱好抽象推理。	科学家、工程师、程序设计员、气象学者、生物学者、天文学家、医生、药剂师、动物学者、科学报刊编辑、地质学者、法官、植物学者、物理学者，试验员等。
艺术型 A Artistic	优雅多才，有创造的思维方式，想象力丰富，直觉强烈，感情丰富，喜欢自我表达，喜欢创造，喜欢变化。	音乐家、作曲家、乐队指挥、美术家、美术设计师、漫画家、作家、编辑、文学学者、诗人、舞蹈家、演员、编剧、戏剧导演、广告设计师、室内装潢设计师、美术编辑、摄影师、音乐教师、雕刻家、主持人等。
社会型 S Social	开朗热情，主动亲和，热情豪爽，随和大度，乐于助人，机敏得体，善于合作，重视友谊，关心他人，社会责任感强，关心社会。	教师、心理咨询师、辅导员、调解员、记者、社会工作人员、咨询员、护士、社会学者、导游、福利机构工作者、学校领导、保健护士等。
企业型 E Enterprising	干练，自信，外向，进取，有抱负，有领导能力，精明果敢，能说服他人，为人乐观，喜欢冒险，精力旺盛，喜好发表意见和见解。	企业家、政治家、经济学家、领导人、管理人员、人事经理，律师、商业管理者、市场或是销售经理、营销人员、采购员、投资商、电视制片人、保险代理人、公关人员、进货员、商品批发员、旅馆经理、饭店经理、广告商、零售商、银行行长等。
传统型 C Conventional	沉稳严肃，实际，保守，有调理，追求秩序感，防卫心理强，回避创造性活动，按部就班，精打细算，讲究效率。	秘书、办公室业务员、会计师、银行出纳、簿记、行政助理、计算机操作员、电话接线员、职员、记账员、速记员、成本估算员、税务员、打字员、统计员等。
实际型 R Realistic	喜欢具体工作任务，喜欢动手操作，顺从，坦率，不爱交际，个性平和稳重，看重物质，追求实际。	制造业从业者、机械业从业者、技术贸易业从业者、军事工作者、水电工人、技师、建筑工人、工程师、消防员、警察、理发师、技术行业工作人员、木匠、飞机机械师、鱼类和野生动物保护者、自动化技师、车工、钳工、电工、火车司机、长途公共汽车司机、机械制图员、机器修理师、厨师、园艺师、农民等。

活动三 我能干什么——职业能力探索

下表列举了若干种活动，请在你能做、大概能做的事情的序号上打钩。回答全部问题后，请按照一个钩记一分的统计方法，找出你比较胜任的职业类型。

I：研究型能力　得分：________	A：艺术型能力　得分：________
1. 懂得真空管或是晶体管的作用 2. 能够列举三种蛋白质多的食品 3. 理解铀的裂变 4. 能用计算尺、计算器、对数表 5. 会使用显微镜 6. 能找出三个星座 7. 能独立进行调查研究 8. 能理解简单的化学原理 9. 理解人造卫星为什么不落地 10. 经常参加学术会议	1. 能演奏乐器 2. 能参加二部或是四部合唱 3. 能独唱或是独奏 4. 能扮演剧中角色 5. 能创作简单的乐曲 6. 会跳舞 7. 能绘画，懂素描，会书法 8. 能雕刻、剪纸或做泥塑 9. 能设计板报、服装或家具 10. 写一手好文章
S：社会型能力　得分：________ 1. 有向各种人说明解释的能力 2. 常参加社会福利活动 3. 能和大家友好相处及合作 4. 善于与年长者相处 5. 会邀请人、招待人 6. 能简单易懂地教育儿童 7. 善于安排会议活动顺序 8. 善于体察人心和帮助他人 9. 善于帮助护理病人和伤员 10. 善于安排社团组织的各种事务	E：企业型能力　得分：________ 1. 担任过学生干部并且干得不错 2. 工作上能指导和监督他人 3. 做事充满活力和热情 4. 有效利用自身的做法调动他人 5. 有销售能力 6. 曾作为俱乐部或是社团负责人 7. 能向领导提出建议或是反映意见 8. 有开创事业的能力 9. 知道怎样成为一个好的领导 10. 健谈善辩
C：传统型能力　得分：________ 1. 会熟练打字 2. 会用外文打字机或是复印机 3. 能快速记笔记和抄写文章 4. 善于整理保管文件和资料 5. 善于从事事务性的工作 6. 会用算盘 7. 能在短时间内分类和处理大量文件 8. 能使用计算机 9. 能搜集数据 10. 善于为自己或集体做财务预算	R：实际型活动　得分：________ 1. 能使用电锯、电钻和锉刀等工具 2. 知道万用表的使用方法 3. 能够使用电钻床、磨床或是缝纫机 4. 能给家具和木制品刷漆 5. 能看懂设计图 6. 能够修理简单的电器用品 7. 能够修理自行车或是其他机械 8. 能修理家具 9. 能修理收音机 10. 能简单地修理水管

活动四 我的生涯规划

1. 请介绍一下未来的自己吧。

2. 成为这样的自己，你具备哪些优势呢？

	兴趣爱好	人格特质	能力特长	客观因素
自身优势				

注：客观因素包括父母期待、职业需求、社会环境等。

课堂拓展

职业调查

请思考下面的问题。你可以利用网络、电视媒体，或者通过老师、家长、亲戚、同学等关系或渠道来获得有用的信息。

1. 你未来的理想职业是什么？哪所大学有与这一职业对应的专业？这些大学历届的录取分数线是多少？

2. 你理想的职业现在的发展状况如何？十年后可能的发展状况如何？这一领域的领军人物有哪几位？你对他们了解多少？了解之后，对你有什么启示和激励作用？

3. 你现在的学习能力或是学习成绩能帮你实现理想吗？你有改变的想法和行动吗？

为了你理想的未来，那就从一字、一词、一道题目、一堂课开始努力吧。

通过本课的学习，你有哪些感悟和收获？想一想，记录下来。

第三十课 寻找幸福快乐的人生

几年前电视台做过一档节目，在街头采访了许多人，询问他们：你幸福吗？当时大家的回答五花八门。同学们，若是今天问你：你幸福吗？你快乐吗？你觉得怎样才算是幸福快乐呢？你会怎样回答？或许在有的人眼里，幸福快乐好像总是在他人那里，总是在别处，总是在远方。其实，幸福快乐是一种感受，也是一种能力，当我们用心在生活中去寻找时，也许它们就在我们的身边，就在我们的生活里。今天我们就一起来寻找属于自己的幸福快乐吧！

暖身活动 快乐舞步

播放歌曲《快乐颂》，全班同学用自己的方式自由舞蹈。

交流分享：活动中你的感受是什么？你快乐吗？

活动一 幸福快乐交流会

以小组为单位，每位同学匿名写下至少一条自己在生活中体验到的幸福快乐，写完放在一起。每位同学抽出一张读出来，其他同学根据自己的经历谈一谈是否有过类似的幸福快乐以及当时的感受。

____

____

____

____

小组总结出本小组的幸福快乐时刻并在班级中分享。

____

____

____

____

从大家的幸福快乐时刻中，你感受最深的是什么呢？小组讨论一下：什么是幸福快乐？你的幸福感怎样？

____

____

____

____

活动二 生活“小确幸”

幸福快乐是种感觉。日本著名作家村上春树曾发明过一个词“小确幸”，它是指微小而确切的幸福。“小确幸”的感觉在于“小”，每一个“小确幸”持续的时间三秒至三分钟不等。源于细节的小幸福，就散落在我们生活的各个角落，当你逐一把它们拾起来的时候，就找到了最简单的快乐。村上春树在散文集《兰格汉斯岛的午后》中说，很多事物都可以产生“小确幸”，只

要你用心体会就成。下面就来看看《美国年轻人眼里的开心时刻》的部分内容，看看那些生活中的“小确幸”吧。

异性的一个眼神

躺在床上静静地聆听窗外的雨声

发现自己最想买的衣服正在半价出售

被邀请去参加舞会

在浴缸的泡沫堆里舒舒服服地洗个澡

傻笑

一次愉快的谈话

有人体贴地为你盖上被子

刚才听了一个绝妙的幽默段子

有很多好朋友

无意中听到别人正在称赞你

与室友彻夜长谈

见到心上人时心头撞鹿的感觉

偶尔遇见多年不曾谋面的老友，发现彼此都没改变

送给朋友一件他一直想要得到的礼物，看着他打开包装时惊喜的表情

看完这些“小确幸”，这些开心时刻，你是什么样的感觉呢？你曾有过这样的时刻吗？请结合自己的生活经历，列一个自己的幸福快乐的清单吧！

____

____

____

____

____

幸福快乐不在山的那一边，也不在别人家，只需要你有一颗愿意感受快乐、体味幸福的心。

方法指南

幸福快乐小贴士

幸福感是一种能力，每个人都希望过得开心快乐。相信下面的小贴士能让你的生活多一些开心快乐，能让你的幸福感有所提升。

1. 秘密花园

心理学家说，看东西在生长会给人带来幸福的感觉。在家里布置一个迷你小花圃是保持好心情的有效方法，只需要种子、泥土、花盆、种植小册子，你就拥有了自己的秘密花园。

2. 温柔的按摩

你知道吗？所有的情绪几乎都会有身体反应，当你感觉到挫败、疲惫、沮丧时，不妨去做下身体的放松按摩吧。没有专业按摩，在家里相互捏一捏、揉一揉也是好的，彼此都可以得到放松和休憩。

3. 头脑影院

什么时候你的心情特别好？去度假，享受喜欢的美食，跟朋友的一次相聚，回忆童年趣事……让这些美好的画面在你的脑海中重现，往日的幸福时光将重新给你带来快乐。

4. 沐浴阳光

阳光可以促进肾上腺素和血清素的分泌，使人心情愉快。所以，请你拉开窗帘，或是走到户外去拥抱阳光吧。请闭上眼睛，享受阳光温暖的爱意。

5. 表情变化

当人的情绪改变时，表情会有所改变和体现。但是你知道吗？当你的表情出现改变时，心情可能也会随之有所改变。噘嘴、耸肩、眼睛看下面……这些都是心情不好的表示；微笑、舒展眉头、端正坐姿……做些积极的表情和动作，也许心情会随之好转。

6. 彩色圆点

颜色会影响我们对幸福的认知。要是我们一大早就穿上灰蒙蒙的衣服，有可能心情会受影响哦。红色让人愿意变化，黄色让人鼓起勇气，绿色可以使人舒缓平静。试着给你的生活多加点色彩吧！

7. 音乐的力量

电脑分析表明，人在失意时，其心跳频率会不规律，情绪起伏较大，而动听的音乐能使我们的心脏和大脑规律地运动，幸福的感觉也会慢慢走向高潮。

8. 储存快乐

选一个颜色丰富或者印有可爱小卡通图案的、私人珍藏的糖果盒，在小纸条上写下让你觉得快乐的事，买些独立包装的美味饼干，将写有快乐想法的纸条和饼干放在糖果盒里。在心情郁闷或者无聊的日子里，拿出一包饼干来吃，并按照纸条上的想法努力去做。

9. 神奇的饮料

喝饮料也能让你快乐。凤梨酸奶乳或是牛奶都能激活血清素，让你快乐起来。加了香草和玫瑰的茶饮料将给你带来阳光照耀般的幸福感觉。你也可以根据自己的爱好，学着茶坊的样子，配制属于自己的“幸福香草茶”。

试试吧，其实快乐很简单，幸福很简单！

通过本课的学习，你有哪些感悟和收获？想一想，记录下来。

____

____

____

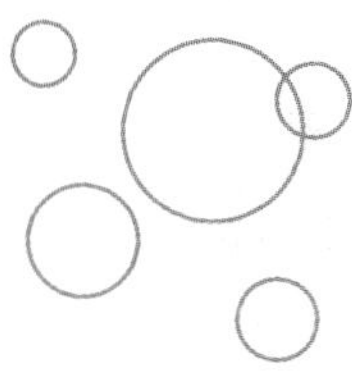

活动篇

初相遇

活动一 寻找行动

（一）活动目的

1. 通过寻人游戏，学习主动交往。

2. 在交往中介绍自己，了解他人，发现共同的兴趣。

（二）活动道具

寻人信息卡、笔。

（三）活动场地

室内、室外均可。

（四）活动程序

1. 寻人行动：根据寻人信息卡上的信息，在十分钟内找到具有该特征的人，简单交流后请他签名。

2. 大家交流寻人信息卡，看看谁的签名最多，邀请具有代表性的同学，如签名最多或最少的，分享自己的经验和感受。

3. 交流完毕后，全班梳理信息，请具有相同特征的同学在一起相互介绍与交流。

寻人信息卡

特征	签名	特征	签名
1. 穿××码的鞋		16. 戴眼镜	
2. 会打乒乓球		17. 补过牙	
3. 喜欢听音乐		18. 穿白袜子	
4. 去过北京		19. 喜欢×××的歌	
5. 骑自行车上学		20. 喜欢上网聊天	
6. 身高一米六		21. 当过志愿者	
7. 妈妈是教师		22. 网络游戏高手	
8. 校运动会获过奖		23. 体重××斤	
9. 读过×××的书		24. 喜欢××色	
10. 参加过爱心捐助		25. 喜欢爬山	
11. 未来想当×××		26. 不是本地人	
12. ××月出生		27. 爱养小动物	
13. 某学科的课代表		28. 想报考××学校	
14. 擅长游泳		29. 理科为长项	
15. 喜欢吃××		30. 崇拜×××	

（五）注意事项

1. 本游戏可在新生初入校时进行，通过游戏使学生主动交往与沟通；也可以在相处一段时间后进行，通过游戏增进同学之间的了解。

2. 在一个栏目中可以签不止 个人的名字，看看谁签的名字多。

3. 符合同一特征的学生相互交流后，派一名代表在全班分享。

4. 寻人信息卡中的信息可以根据学生的实际特点增减。

活动二 “松鼠”搬家

（一）活动目的

1. 体验在环境中主动适应的重要性。

2. 在游戏中感受竞争、合作的力量。

3. 开拓思维方式，在竞争中体验双赢的快乐。

（二）活动道具

无。

（三）活动场地

室内、室外均可。

（四）活动程序

1. 参与的同学每三人一组，其中两人扮演“樵夫”，双手举起对撑搭成一个“小木屋”，另一个人扮演“小松鼠”，蹲在“小木屋”里。

2. 根据老师的口令进行变化，如：

“松鼠搬家”——“小松鼠”调换到其他“小木屋”。

“木屋重建”——搭建“小木屋”的两个人分开，寻找新的伙伴搭建新的“小木屋”。

“角色转换”——“小松鼠”可以变成“樵夫”，“樵夫”可以变成“小松鼠”。

3. 老师可以不断变化着发出口令，大家做出相应的变化。在活动一开始安排两只无家可归的“小松鼠”充当竞争的角色，这样在变化中必然会有“小松鼠”或“樵夫”被淘汰出局。

4. 集体分享活动感悟。

（五）注意事项

1. 活动空间要足够大，以便于“小松鼠”和“樵夫”跑动变化。

2. 参与活动的人数越多越好，在场地允许的条件下，全班可共同参与，出现无家可归的“小松鼠”和没有“小松鼠”的“樵夫”均被淘汰。

3. 关注被淘汰的“小松鼠”和“樵夫”的情绪，可请他们交流被淘汰的原因以及心理感受，之后再次参与到活动中。

第二课 你和我

活动一 变形虫

（一）活动目的

1. 引导学生体验沟通的必要性。

2. 通过小组交流，学生感悟人际交往中理解、合作、认同的重要性。

3. 在体验和分享中学习人际交往技巧，提高人际交往的能力。

（二）活动道具

12米长的长绳2~3根，若干套眼罩（5个为一套）。

（三）活动场地

以室外场地为宜。

（四）活动程序

1. 老师先把12米长的绳子两头相连结成一个大绳圈，这样的大绳圈需要2~3个。

2. 全班学生分成若干组，每组5人，2~3组同时进行比赛。

3. 一组5名同学分别戴上眼罩，老师把事先准备好的大绳圈交给他们。

4. 根据老师发出的变形指令，如正三角形、正四边形、正五边形……5名参与者通过合作完成，用时最少、形状最规则的组为胜。

5. 在合作变形的过程中，不允许用语言交流。

（五）注意事项

1. 长绳的长度以比5个人伸直双臂的总长度多5米为宜，不要太短，也不能太长，否则都会影响游戏难度。

2. 一般以2~3个小组同时开展竞争为宜，这样可以节省时间。

3. 在“变形”过程中，要求绳子充分展开，不可以收缩部分绳子，减短边长，降低难度。

活动二 风雨同行

（一）活动目的

1. 通过游戏，学会肯定他人的长处，取长补短。

2. 学会在团队合作中扬长避短。

（二）活动道具

眼罩、口罩、短绳、篮球、雨伞、椅子、书包、水桶、抱枕等物品。

（三）活动场地

室内或是室外均可。

（四）活动程序

1. 按7人一组分组，在7人中规定有2个“盲人”、2个“无脚人”、2个“无手人”、1个“失语者”。

2. 在角色分配完成后，按要求“盲人”戴上眼罩，“失语者”戴上口罩，“无脚人”捆绑双脚，“无手人”捆绑双手。

3. 小组成员扬长避短、相互协作，把准备好的物品搬运至终点，用时最少的组获胜。

4. 全班交流分享感受。

（五）注意事项

1. 比赛计时从老师宣布完游戏规则开始，即包括角色分配、扮演、合作等过程。

2. 设计的起点与终点的距离应该大于20米，可设置些障碍以提高难度。

3. 所有物品，要求一次搬运完成。

齐心协力　共同成长

活动一 “啄木鸟”行动

（一）活动目的

1. 通过活动分析成功、失败的原因，激发“再做一次，会做得更好”的信心。

2. 在合作中体验竞争，在竞争中学会合作。

3. 明白强化团队合作可以提高效率、改变思维方式可以产生质的飞跃的道理。

（二）活动道具

每人一根长约20厘米的塑料吸管，每组3根橡皮筋。

（三）活动场地

室外场地为宜。

（四）活动程序

1. 全班分成4~5组，每组12个人，推荐一名组长。

2. 每人领取一根吸管，在组长带领下练习5分钟。

3. 每个人把吸管衔在嘴里，把双手放在背后，扮成“啄木鸟”，口衔吸管传递“虫子”（用橡皮筋替代）。

（五）注意事项

1. 每组人数以12~16人为宜，男女学生分开编组。

2. 传递时不能用手帮忙，如出现橡皮筋掉落的情况，一定在原地由本人捡起来后重新开始。

3. 提供的吸管可以是多种规格的，但各组之间相同规格的吸管数量应相同，以示公平。

4. 在不违反游戏规则的基础上，默认具有创造性的方法。

活动二 广告设计

（一）活动目的

1. 运用心理学的原理设计公益广告，提高广告的吸引力和效果。

2. 通过活动展现个人才能，满足个性的表现。

3. 在活动中凝聚团队合作精神。

（二）活动道具

A4规格的白纸、彩色水笔、透明胶带纸、剪刀。

（三）活动场地

以室内为宜。

（四）活动程序

1. 分成若干小组，每组4~5人，推荐产生一名组长。

2. 每组领取A4白纸一张，水彩笔一套。

3. 把握校园公益广告设计的要求。

主体内容：应与校园生活、社会公益相关，构思合理，体现新时代中学生的风貌。

主体形式：体裁不限，作品可以是电脑动画、静态广告宣传画、漫画、数码影像。由于时间、材料限制，要求大家现场完成的是静态平面宣传画。

内容要求：① 主体突出，形式鲜明；② 画面优美，震撼力强；③ 有创新，有力度，有特点；④ 时代气息强，令人印象深刻。

版面要求：① 画面细腻，美感强；② 色彩搭配和谐；③ 规格符合要求。

4. 20分钟集体完成一张“校园公益广告”，各组派一名同学讲解广告创意。

（五）注意事项

1. 在学生开始创作前，可以展示一些经典的“校园公益广告”，以启发同学们在短时间内完成高质量的创意构思。

2. 提示小组可运用多种形式展示本组的创意广告，这样可以提高其广告效应。

3. 在小组展示的基础上，就内容、形式、效果做点评及评选，引导学生相互学习、相互欣赏。

活动一 音乐与意象

（一）活动目的

1. 聆听音乐，使情绪平静，身体放松。

2. 随音乐声眼前想象出画面，对画面意义进行分析，让学生思考和感悟自己的心态。

（二）活动道具

舒缓平和的音乐以及播放设备。

（三）活动场地

室内能拉上窗帘最佳，减少周边环境的干扰。

（四）活动程序

1. 每个人找到一个舒适的座位，闭上眼睛，调节呼吸，头部、双肩、四肢放松。

2. 室内保持安静，关灯并拉上窗帘，播放音乐。

3. 随着音乐声，每个人进入一种冥想状态，脑海中会浮现出一些画面。

4. 音乐声结束，大家慢慢睁开眼睛，交流自己的感受。

（五）注意事项

1. 音乐的选择是关键，选一些舒缓、空灵、无明显主题的乐曲。

2. 环境很重要，周边应没有干扰，室内温度适宜，空气流通，光线较

暗，座位舒适。

3. 指导语不可忽视，让学生在指导语的引导下平静地进入状态。

4. 教师要认真聆听学生对“画面”的描述，注意其中的细节和情绪感受。

活动二 背后留言

（一）活动目的

1. 培养客观对待他人评价的积极心态。

2. 通过背对背的评价，意识到“别人眼中的我”是什么样子，通过他人的评价来整合和完善自我意识。

（二）活动道具

A4白纸每人一张、别针若干、背景音乐及播放器。

（三）活动场地

以室内为宜。

（四）活动程序

1. 老师首先公布活动规则：每人一张A4白纸，先在纸的最上面一行写下自己的姓名和要对留言者说的一句话，大家相互帮助用别针把纸固定到自己的后背上。

2. 大家在同学的后背上写下自己的留言。

3. 十分钟之后，大家停下来，同学们再次围坐在一起，拆开背后的纸条，看看同学们在自己背后写下的评价。

4. 团体分享“背后的留言”。

① 大家欣赏你哪些方面？不太能接纳你哪些方面？对别人的评价你认同吗？

② 哪些评价让你感觉新颖、好笑而又确实符合你自己？

③ 你没有看到自己潜在的优势或是特长，可能你从未注意到，而在别人眼里是那么明显。

④ 这个游戏还带给你哪些感受？

（五）注意事项

1. 在活动开始之前，明确这次活动的态度：真诚、客观、负责。

2. 留言过程中，同学们不能说话，要用非语言形式进行交流，留言内容是对这个人的认识，包括优点、缺点以及建议，还可以写上自己最想对他说的一句话，不留姓名。

3. 男生、女生共同组成了我们的世界，所以不要忘记异性世界的建议。

创意无限

活动一 心中的塔

（一）活动目的

1. 在团体中体验不同角色。

2. 学会接纳自己，欣赏他人。

3. 开拓思维，积极创新，大胆表现，追求形式与内容的和谐。

（二）活动道具

报纸、透明胶带纸、剪刀。

（三）活动场地

室内为宜。

（四）活动程序

1. 全班同学分成若干组，每组7~8人为宜。每组领取材料一份：报纸4张、透明胶带纸1卷、剪刀1把，20分钟内完成建“塔”任务，并为“塔”取好名字。

2. 各组推荐一名同学在全班交流，介绍“塔”名和设计创意。

（五）注意事项

1. 全班选出2名观察员，全程观察各小组建“塔”过程，特别注意组内人员的角色确定过程。各组介绍结束后作观察报告。

2. 在建“塔”过程中，小组成员之间不许用语言交流，请观察员提醒督促。

3. 建议在各组完成建“塔”任务后，小组成员与作品合影留念。

报纸的用量可根据时间长短、场地大小来确定，各组的用量基本相同，但要有余量。

活动二 平面魔方

（一）活动目的

1. 学会打破思维定式，体验合作创新。

2. 学会理性分析与寻找规律的探究方法。

（二）活动道具

八张尺寸一样大小的正方形纸片（从一至八分别编上序号）、别针、地面上用粉笔画出九个大小适中的正方形（同学能站在里面）。

（三）活动场地

室内外均可。

（四）活动程序

1. 分组，每组八人。

2. 八位同学手持纸片或将纸片别在衣服上，按顺序分别站在由九个方框组成的正方形内（同下图“初始位置”），经过一番移动，每次只能移动一个格，将“初始位置”变换成“最终位置”。

3. 方法不限，方法多者获胜。

初始位置

1	2	3
4	5	6
7	8	

最终位置

8	7	6
5	4	3
2	1	

（五）注意事项

1. 提醒同学看清“初始位置”与“最终位置”的关系。

2. 在活动时要注意“领导者”的产生过程、“领导者”的管理水平，以及组员间的合作态度与效率。

3. 各小组要做好平衡，如果误入“绝境”，可以寻求老师或他人的帮助和建议。

意志与责任

活动一 举手仪式

（一）活动目的

1. 体验坚持所需要的耐心和毅力，培养意志力。

2. 认识到意志力的培养要从小事做起。

（二）活动道具

秒表一只。

（三）活动场地

室内外均可。

（四）活动程序

1. 全体同学按体操队形站立，每个人的两只手臂伸直向前平举，身体不准晃动，坚持10分钟，看谁能坚持到最后。

2. 集体交流分享。

① 当时间过了一半的时候，你有什么感受?

② 当坚持到最后的时候，你有什么感受?

③ 在坚持的过程中遇到了哪些困难？你是如何克服的?

④ 你觉得这个游戏对你的学习与生活有什么启发?

（五）注意事项

1. 若在教室外，注意避开高温或是极冷天。

2. 师生共同参与，一起体验。

3. 时间到后，如有同学还愿意坚持，可以把时间再延长一分钟。对于坚持到最后的同学，全班要予以掌声，以鼓励他们的耐力和毅力。

活动二 担当责任

（一）活动目的

1. 正确看待别人的错误。

2. 学会做一个负责任的人。

（二）活动道具

无。

（三）活动场地

室内外均可。

（四）活动程序

1. 全班同学分成不同小组，每组4人，两人相向站立，另外两人相向蹲着，一个站着和蹲着的人是一组。

2. 站着的两个人进行“剪刀、石头、布”游戏，胜利组中的蹲者刮失败组中下蹲者的鼻子。

3. 输方轮换位置，即站着的人蹲下，蹲着的人站起来，继续下一局。

4. 反复进行几个回合。

5. 问题交流讨论。

① 如何看待自己的责任和别人的失败？

② 当自己的同伴失败时，你有没有抱怨？

③ 同组中的两个人有没有同心协力应对压力？

（五）注意事项

1. 对失败方同学的惩罚，除了刮鼻子外，也可采用做俯卧撑的办法，可根据同学的实际情况选择。

2. 失败一方两位同学注意感受面临惩罚时各自的情绪反应。

助力学习

活动一 于无声处

（一）活动目的

1. 体验心静的感觉，学会集中注意力，懂得聆听。

2. 用心感受通过眼神和身体接触（如手、背）传递信息。

（二）活动道具

《天籁之音》的音乐及播放器。

（三）活动场地

温度、湿度适宜的安静室内。

（四）活动过程

1. 全班学生分成两组，围成两个同心圆，里圈和外圈的人面对面坐好。轻轻地闭上眼睛，做五个深呼吸，慢慢地放松，静静地去感受来自周围的声音，两分钟后睁开眼睛，交流听到的声音。

2. 圈里和圈外的人面对面坐好，轻轻地闭上眼睛，做三个深呼吸，聆听《天籁之音》，慢慢地睁开眼睛注视对方，默默地去体会对方此时此刻的心情和想要表达的感受。

3. 里圈和外圈所有的学生面对面坐好，轻轻地闭上眼睛，做三个深呼吸，聆听《天籁之音》，慢慢地伸出双手并与对方的手轻轻地贴在一起，去感受对方要传达的信息。

4. 里圈和外圈的人背对背坐好，轻轻地闭上眼睛，做三个深呼吸，聆听《天籁之音》，慢慢地背靠背，去体会对方通过脊背要传达的信息。

5. 全班交流，分享感受。

（五）注意事项

1. 本游戏需要非常安静、没有干扰的环境，在温度、湿度十分舒适的情况下，才能进入用心聆听、用心说话、用心体验的境界。

2. 本活动的感觉是细微和敏感的，所以对中学生来说，以同性学生一组为宜。

3. 音乐选择非常关键，以聆听大自然的声音为宜，如流水声、雨声、涛声、虫鸣等。

活动二 用途无限

（一）活动目的

1. 通过相互交流，彼此启发，开阔视野，丰富想象力。

2. 通过“头脑风暴”，积极思考，大胆倡议，科学选择，激发创造力。

（二）活动道具

塑料饮料瓶、纸、笔。

（三）活动场地

以室内为宜。

（四）活动程序

1. 全班同学分成若干个6~8人的小组，每组推选出1名组长。

2. 请组长从老师处领取1只塑料饮料瓶、1张白纸和笔。

3. 小组成员讨论：塑料瓶可以有多少种用途？把讨论结果记录在纸上。

4. 全班交流，在交流的基础上，小组成员将塑料瓶的用途归类。

（五）注意事项

1. 在“头脑风暴”中，不需要有过多的约束和顾虑，应激发想象力，在充分想象的基础上做合理选择。

2. 在整理用途时，要注意归类总结，尽可能多地思考，而不是只停留在一类用途上。如可以做容器，用于盛水、盛油、盛可乐、盛糖……这样的答案，只会使思路变窄。

生命的色彩

活动一 看我“走过来”

（一）活动目的

1. 在游戏中展示自己“走过来”的形象，提升自信。

2. 激发想象力和创造力，展示具有个性的自我形象。

（二）活动道具

事先准备一些球、花、书、报纸等能够表现学习、运动等场景的实物，背景音乐CD。

（三）活动场地

以室内为宜。

（四）活动程序

1. 老师宣布游戏规则，要求每一位同学面对大家，从10米外“走过来”。

2. 在“走过来”时，可以运用各种道具，但不允许重复别人的表现方式。

3. 所有学生都走完后，评选出“最自信”“最热情”“最幽默”“最佳创意”“最具活力”“最佳搭档”等奖项。

4. 集体交流，分享感受。

（五）注意事项

1. 开始要做好引导工作，给5~10分钟的创意设计与准备时间，鼓励每个人投入活动。对内向、害羞的学生，既要激励又要尊重，让其放下包袱，投入体验。

2. 为了避免部分学生因紧张、胆怯拒绝参与，可允许两个人、三个人组合。

为了营造现场气氛，可以播放背景音乐，事先多准备一些道具供学生选用，当学生“走过来”时全体同学应给予掌声鼓励。在评选各奖项时注意评选比例，以激励为目的。

活动二 规则的意义

（一）活动目的

1. 树立起良好的规则意识，在规则许可的范围内自由活动。

2. 树立起良好的责任意识，学会为自己的行为负责，为自己的生命负责。

3. 认识并澄清自己的生命价值观，珍爱生命。

（二）活动道具

阅读材料、纸、笔若干。

（三）活动场地

以室内为宜。

（四）活动程序

1. 全班同学分为若干组，每组八人左右。

2. 小组每位同学认真阅读材料，读完材料后，回答后面的问题。

3. 小组内讨论交流，记录员记录，最后总结出小组的观点。

阅读材料

有一段火车道，由于道路改道，新的路轨建好并通车，原来的旧轨道废弃不用。在新修建的轨道旁，竖立着一块牌子，上面写着“严禁在此轨道上玩耍”。有几个学生放学后来到了这里，有一个学生看到了牌子上的警告语，就跑到了废弃的旧轨道上去玩，而其他三个学生虽然看到了那块牌子，但他们不理会，仍然在新修建的轨道上玩。这时一辆火车疾驰而来，速度太快，学生们已经来不及从轨道上离开。假定这个岔道口中间有一个控制装置，可以决定火

车是沿着新的轨道还是原来的旧轨道行驶。

（1）如果你是控制员，你会把火车调到哪个方向？为什么？说说你此刻的心情。

（2）如果你是上面那三个在新轨道上玩耍的学生之一，你希望控制员调到哪个方向？为什么？说说你此时的心情。

（3）如果你是上面那个在旧轨道上玩耍的学生，你希望控制员把火车调到哪个方向？为什么？说说你此时的心情。

（五）注意事项

1. 在同学们做出选择时，要着重关注自身的感受。即使很困难，也要试着去选择。选择过程中的感受会使你对生命、对规则有更多的理解，这些理解会使你终身受益。

2. 尊重每个人的选择，充分开展讨论。即使有同学选择牺牲别人，那也是人求生本能的反应以及对个人生命的珍惜，不能批评和谴责。在日后的生活中，大家会更加清楚应该怎么去做，应该遵守规则，珍惜生命。

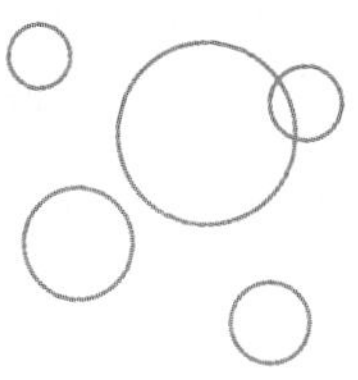

评价篇

心理测量，是指依照心理学理论，使用一定程序，通过观察人的有代表性的行为，对于贯穿在人的全部行为活动中的心理特点做出推论和数量化分析的一种手段。如果说心理测量是反映我们心理状况的一面镜子，那它只能算是一面模糊的镜子，对心理状况的反映并不是很精确。而且心理测量的结果具有暗示性，对一个暗示性很强的人来说，测量的结果会对他的情绪、行为和看法产生影响，从而使测验结果显得“很准确”。但这样的“准确性”对人并不利，所以如果你要进行某一个测验，仅是作为参考，让其发挥良性作用就可以了。

中学生心理健康测量

下面是有关你近一段时间内心理状态的一些问题。请仔细阅读每一个题目，然后根据自己的实际情况认真填写。每个题目没有对错之分，请你尽快回答，不要在每道题上过多思考。每个题目后都有五个等级供你选择，分别按照程度高低用1、2、3、4、5来表示。注意：① 每个题目后只能选择一个等级，在相应的数字上画圈；② 每个题目都要回答。

序号	题　目	无	偶尔	有时	经常	总是
1	我不喜欢参加学校的课外活动	1	2	3	4	5
2	我的心情时好时坏	1	2	3	4	5
3	做作业必须反复检查	1	2	3	4	5
4	感到人们对我不友好，不喜欢我	1	2	3	4	5
5	我感到苦闷	1	2	3	4	5
6	我感到紧张或容易紧张	1	2	3	4	5
7	我的学习劲头时高时低	1	2	3	4	5
8	我对现在的学校生活感到不适应	1	2	3	4	5
9	我看不惯现在的社会风气	1	2	3	4	5
10	为确保准确，做事必须做得很慢	1	2	3	4	5
11	我的想法总与别人不一样	1	2	3	4	5

续表

序号	题　目	无	偶尔	有时	经常	总是
12	总担心自己的衣服不整齐	1	2	3	4	5
13	容易哭泣	1	2	3	4	5
14	我感到前途渺茫	1	2	3	4	5
15	我感到心神不定	1	2	3	4	5
16	经常责怪自己	1	2	3	4	5
17	当别人看我或议论我时感到不自在	1	2	3	4	5
18	感到别人不理解我，不同情我	1	2	3	4	5
19	我常发脾气，想控制但控制不住	1	2	3	4	5
20	我觉得别人想占我的便宜	1	2	3	4	5
21	大叫或摔东西	1	2	3	4	5
22	总在想一些不必要的事情	1	2	3	4	5
23	必须反复洗手或反复数数	1	2	3	4	5
24	总感到有人在背后议论我	1	2	3	4	5
25	时常与人争论、抬杠	1	2	3	4	5
26	我觉得大多数人都不可信任	1	2	3	4	5
27	我做作业的热情忽高忽低	1	2	3	4	5
28	同学考试成绩比我高，我感到难过	1	2	3	4	5
29	我不适应老师的教学方法	1	2	3	4	5
30	老师对我不公平	1	2	3	4	5
31	我感到学习负担很重	1	2	3	4	5
32	我对同学忽冷忽热	1	2	3	4	5
33	上课时总担心老师会提问自己	1	2	3	4	5
34	我无缘无故地突然感到害怕	1	2	3	4	5
35	我对老师时而亲近，时而疏远	1	2	3	4	5
36	一听说要考试，心里就感到紧张	1	2	3	4	5

续表

序号	题　目	无	偶尔	有时	经常	总是
37	别的同学穿戴比我好，我感到不舒服	1	2	3	4	5
38	我讨厌做作业	1	2	3	4	5
39	家里的环境干扰我的学习	1	2	3	4	5
40	我讨厌上学	1	2	3	4	5
41	我不喜欢班里的风气	1	2	3	4	5
42	父母对我不公平	1	2	3	4	5
43	感到心里烦躁	1	2	3	4	5
44	我常常无精打采，提不起劲来	1	2	3	4	5
45	我的感情容易受到别人的伤害	1	2	3	4	5
46	觉得心里不踏实	1	2	3	4	5
47	别人对我的表现评价不当	1	2	3	4	5
48	明知担心没用，但总害怕考不好	1	2	3	4	5
49	总觉得别人在跟我作对	1	2	3	4	5
50	我容易激动和烦恼	1	2	3	4	5
51	同异性在一起时，感到害羞不自在	1	2	3	4	5
52	有想伤害他人或打人的冲动	1	2	3	4	5
53	我对父母时而亲热时而冷淡	1	2	3	4	5
54	我对比我强的同学并不服气	1	2	3	4	5
55	我讨厌考试	1	2	3	4	5
56	心里总觉得有事	1	2	3	4	5
57	经常有自杀的念头	1	2	3	4	5
58	有想摔东西的冲动	1	2	3	4	5
59	要求别人十全十美	1	2	3	4	5
60	同学考试成绩比我高，但能力并不比我强	1	2	3	4	5

该量表共60个题目，分为10个因子，各因子所包括的项目如下：

（1）强迫症状：包括3、10、12、22、23、48等6项。该因子反映受试者做作业必须反复检查，反复数数，总在想一些不必要的事情，总害怕考试成绩不好等强迫症状。

（2）偏执：包括11、20、24、26、47、49等6项。该因子反映受试者觉得别人占自己便宜，别人在背后议论自己，对多数人不信任，别人对自己评价不适当，别人跟自己作对等偏执问题。

（3）敌对：包括19、21、25、50、52、58等6项。该因子反映受试者控制不住自己脾气，经常与别人争论，容易激动，有摔东西的冲动，等等。

（4）人际关系紧张与敏感：包括4、17、18、45、51、59等6项。该因子反映受试者感觉别人不理解自己，别人对自己不友好，感情容易受到别人伤害，对别人求全责备，同异性在一起感到不自在等问题。

（5）抑郁：包括5、13、14、16、44、57等6项。该因子反映受试者感到生活单调，感到自己没有前途，容易哭泣，责备自己，无精打采等问题。

（6）焦虑：包括6、15、34、43、46、56等6项。该因子反映受试者感到紧张，心神不定，无缘无故害怕，心里烦躁，心里不踏实等问题。

（7）学习压力：包括31、33、36、38、40、55等6项。该因子反映受试者感到学习负担重，怕老师提问，讨厌做作业，讨厌上学，害怕和讨厌考试等问题。

（8）适应不良：包括1、8、9、29、39、41等6项。该因子反映受试者对学校生活不适应，不愿参加课外活动，不适应老师教学方法，不适应家里学习环境，情绪不平衡等问题。

（9）情绪不平衡：包括2、7、27、32、35、53等6项。该因子反映受试者情绪不稳定，对老师和同学以及父母时而亲近时而疏远，学习忽高忽低等问题。

（10）心理不平衡：包括28、30、37、42、54、60等6项。该因子反映受试者感到老师和父母对自己不公平，对同学比自己成绩好难过和不服气等问题。

根据填完量表后10个因子的平均分数值，即可初步判断哪些因子存在心理健康问题。

2~2.99分：表示该因子存在轻度问题。

3~3.99分：表示该因子存在中等程度的症状。

4~4.99分：表示该因子存在较重的症状。

5分：表示该因子存在非常严重的心理症状。

某因子存在轻度问题，可以通过自我心理调节予以改善和消除。

某因子分超过3分，但不超过4分，也可以通过自我心理调适，逐步使症状减轻和消失。

如果自我心理调适已经超过一个月尚没有缓解，最好找心理咨询师谈一谈。

如果某因子分超过4分，可自我心理调适。一周后用该量表再测试一次，如果该因子分仍为4分以上，请找心理医生咨询。

总均分的计算方法：把该量表60项分数加在一起除以60，得出的分数便是受试者心理健康总均分。

2~2.99分：表示存在轻度的心理健康问题。

3~3.99分：表示存在中等程度的心理健康问题。

4~4.99分：表示存在较严重的心理健康问题。

5分：表示存在非常严重的心理健康问题。

田纳西自我概念测量

本测量所用问卷上的每一个题目都是在描述你的实际情况，问卷的目的是帮助你更好地了解自己。请仔细阅读每个题目，判断该题目描述的内容与你的真实情况是否相同，并在相应的选项上打钩。

正向题目计分标准：选1得1分，选2得2分，依次类推；反向计分的题目选5得1分，选4得2分，依次类推。（本问卷适用于12周岁以上的被试者）

数字选项代表的意思是：1. 完全不相同；2. 部分不相同；3. 部分相同；4. 大部分相同；5. 完全相同。

序号	题　目	完全不相同	部分不相同	部分相同	大部分相同	完全相同
1	我的身体健康	1	2	3	4	5
2	我喜欢保持仪表整洁大方	1	2	3	4	5
3	我举止端庄，行为规矩	1	2	3	4	5
4	我的品德好	1	2	3	4	5
5	我是个没出息的人	1	2	3	4	5
6	我经常心情愉快	1	2	3	4	5
7	我的家庭幸福美满	1	2	3	4	5
8	我的家人并不爱我	1	2	3	4	5
9	我讨厌这个世界	1	2	3	4	5
10	我待人亲切友善	1	2	3	4	5
11	偶尔我会想一些不可告人的坏事	1	2	3	4	5
12	我有时会说谎	1	2	3	4	5
13	我的身体有病	1	2	3	4	5
14	我全身都是病痛	1	2	3	4	5
15	我为人诚实	1	2	3	4	5
16	我道德观念不稳定，有时想做坏事	1	2	3	4	5
17	我心情平静，不忧不愁	1	2	3	4	5

续表

序号	题　目	完全不相同	部分不相同	部分相同	大部分相同	完全相同
18	我经常心怀恨意	1	2	3	4	5
19	我觉得家人不信任我	1	2	3	4	5
20	我觉得家人朋友对我很器重	1	2	3	4	5
21	我很受别人欢迎	1	2	3	4	5
22	我很难交到朋友	1	2	3	4	5
23	有时候我很想骂人	1	2	3	4	5
24	我偶尔会因身体不舒服，脾气变得有些暴躁	1	2	3	4	5
25	我的身体既不胖也不太瘦	1	2	3	4	5
26	我对自己的外貌感到满意	1	2	3	4	5
27	我觉得我不太值得别人信任	1	2	3	4	5
28	我经常觉得良心不安	1	2	3	4	5
29	我瞧不起我自己	1	2	3	4	5
30	我对我自己现在的情形感到满意	1	2	3	4	5
31	我已经尽力去孝顺我的父母	1	2	3	4	5
32	我觉得我对家人不够信任	1	2	3	4	5
33	我对自己的社交能力感到满意	1	2	3	4	5
34	我对自己待人的方式感到满意	1	2	3	4	5
35	偶尔我会在背后说些别人闲话	1	2	3	4	5
36	比赛时，我总是希望赢	1	2	3	4	5
37	我觉得身体不太舒服	1	2	3	4	5
38	我对自己身体的某些部分不太满意	1	2	3	4	5
39	我觉得我的行为合乎自己的良心	1	2	3	4	5
40	我对自己的道德行为感到满意	1	2	3	4	5
41	我觉得我这个人还不错	1	2	3	4	5

续表

序号	题　目	完全不相同	部分不相同	部分相同	大部分相同	完全相同
42	我对自己感到不满意	1	2	3	4	5
43	我不太喜欢我的家人	1	2	3	4	5
44	我目前与家人保持着良好关系，我感到满意	1	2	3	4	5
45	我觉得我在社交方面表现不够理想	1	2	3	4	5
46	我觉得我和他人处得不够理想	1	2	3	4	5
47	听到黄色笑话，我有时会忍不住笑出声来	1	2	3	4	5
48	我有时会把当天该做的事情拖到第二天	1	2	3	4	5
49	我的动作时常显得很笨拙	1	2	3	4	5
50	我很少感到不舒服	1	2	3	4	5
51	我在日常生活中凭着良心做事	1	2	3	4	5
52	为了胜过别人，有时候我会使用不正当的手段	1	2	3	4	5
53	在任何情况下，我都能够照顾自己	1	2	3	4	5
54	我经常不敢面对难题	1	2	3	4	5
55	我常和家人发生争吵	1	2	3	4	5
56	我的行为常无法满足家人的期望	1	2	3	4	5
57	和陌生人谈话，我觉得困难	1	2	3	4	5
58	我尽量去了解别人对事物的看法	1	2	3	4	5
59	我偶尔会发脾气	1	2	3	4	5
60	我很会照顾自己的身体	1	2	3	4	5
61	我常常睡得不好	1	2	3	4	5
62	我很少做不正当的事	1	2	3	4	5
63	对我而言，做正当的事是有困难的	1	2	3	4	5
64	我时常没有经过事先考虑，就贸然行事	1	2	3	4	5

续表

序号	题　目	完全不相同	部分不相同	部分相同	大部分相同	完全相同
65	我遭遇困难时，都能轻而易举地解决	1	2	3	4	5
66	我很关心我的家人	1	2	3	4	5
67	我尽量公平合理地对待朋友与家人	1	2	3	4	5
68	我和别人在一起时，时常觉得不自在	1	2	3	4	5
69	我和别人相处得很好	1	2	3	4	5
70	对于我所认识的人，我并非每个都喜欢	1	2	3	4	5

计分表

题号	得分	题号	得分	题号	得分	题号	得分	题号	得分	题号	得分	
1		13		25		37		49		60		生理自我
2		14		26		38		50		61		
3		15		27		39		51		62		道德伦理自我
4		16		28		40		52		63		
5		17		29		41		53		64		心理自我
6		18		30		42		54		65		
7		19		31		43		55		66		家庭自我
8		20		32		44		56		67		
9		21		33		45		57		68		社会自我
10		22		34		46		58		69		
11		23		35		47		59		70		自我评价
12		24		36		48						
自我概念				自我满意				自我行动				

反向计分题目： 5、8、9、13、14、16、18、19、22、25、27、28、32、37、38、39、42、43、45、46、49、52、54、55、56、57、61、63、64、68。

（1）生理自我：把第一行和第二行的12个题目得分相加，即题目1、2、13、14、25、26、37、38、49、50、60、61的分数加起来。

（2）道德伦理自我：把第三行和第四行的12个题目得分加起来。

（3）心理自我：把第五行和第六行的12个题目得分加起来。

（4）家庭自我：把第七行和第八行的12个题目得分加起来。

（5）社会自我：把第九行和第十行的12个题目得分加起来。

（6）自我评价：把第十一行和第十二行的10个题目得分加起来。

（7）自我概念：把1~24题目的得分加起来。

（8）自我满意：把25~48题目的得分加起来。

（9）自我行动：把49~70题目的得分加起来。

（10）总分=自我概念得分+自我满意得分+自我行动得分。

总分越高说明越喜欢自己、信任自己，认为自己是个有价值的人。

中学生情绪稳定测量

情绪稳定一般被看作是一个人心理成熟的标志之一。所谓情绪稳定，主要是指一个人能积极地调节、控制自己的情绪，在短时间内没有大起大落的变化，不大会时而心花怒放转瞬又愁眉苦脸。一个人的情绪与他的先天神经类型也是有关的，一般来说黏液质的人情绪比较稳定，而胆汁质的人情绪起伏可能较大。你的情绪稳定吗？来测一测，作个参考吧。

每个问题都有三个选项可供选择，选择与自己情况最相近的一项便可。

1. 看到自己最近一次拍摄的照片，你有何想法？

A. 觉得不称心　　B. 觉得很好　　C. 觉得可以

2. 你是否想到若干年后会有什么使自己极为不安？

A. 经常想到　　B. 从来没想　　C. 偶尔想到

3. 你是否被朋友、同事或是同学起过绰号并挖苦过？

A. 这是常有的事　　B. 从来没有过　　C. 偶尔有过

4. 你上床以后，是否经常再起来看一次门窗是否关好？

A. 经常如此　　B. 从来没有　　C. 偶尔有过

5. 你对与你关系最密切的人是否满意？

A. 不满意　　B. 非常满意　　C. 基本满意

6. 半夜的时候，你是否经常觉得有什么值得害怕的事？

A. 经常　　B. 从来没有　　C. 偶尔会有

7. 你是否经常因梦见什么可怕的事情而惊醒？

A. 经常　　B. 没有　　C. 极少

8. 你是否曾经有过多次做同一个梦的情况？

A. 有　　B. 没有　　C. 记不清

9. 有没有一种食物使你吃后呕吐？

A. 有　　B. 没有　　C. 记不清

10. 除去看见的世界外，你心里有没有另一个世界？

A. 有　　B. 没有　　C. 记不清

11. 你心里是否常常觉得你不是现在的父母所生？

A. 时常　　B. 没有　　C. 偶尔有

12. 你是否曾经觉得有一个人爱你或尊重你？

A. 是　　B. 不是　　C. 记不清

13. 你是否常常觉得你的家庭对你不好，但你又确知他们的确对你好？

A. 是　　B. 否　　C. 偶尔

14. 你是否觉得没人十分了解你？

A. 是　　B. 否　　C. 说不清楚

15. 你在早晨起来时，最常有的感觉是什么？

A. 忧伤　　B. 快乐　　C. 说不清楚

16. 想到秋天，你常有的感觉是什么？

A. 秋雨霏霏或是枯叶遍地

B. 秋高气爽或庄稼收获

C. 不清楚

17. 你在高处的时候，是否觉得站不稳？

A. 是　　B. 否　　C. 有时这样

18. 你平时是否觉得自己很强健？

A. 是　　B. 否　　C. 不清楚

19. 你是否一回家就立刻把房门关上？

A. 是　　B. 否　　C. 不清楚

20. 你坐在小房间里把门关上后，是否觉得心里不安？

A. 是　　B. 否　　C. 偶尔是

21. 当一件事需要你做决定时，你是否觉得很难？

A. 是　　B. 否　　C. 偶尔

22. 你是否常常因为碰到东西而跌倒？

A. 是　　B. 否　　C. 偶尔

23. 你是否常常用抛硬币、翻纸牌、抽签之类的游戏来测吉凶？

A. 是　　B. 否　　C. 偶尔

24. 你是否需要一个小时以上才能入睡，或是醒得比你希望的时间早一个小时？

A. 经常这样　　B. 从不这样　　C. 偶尔这样

25. 你是否看到、听到或是感觉到别人觉察不到的东西？

A. 经常这样　　B. 从不这样　　C. 偶尔这样

26. 你是否觉得自己有超乎寻常的能力？

A. 是　　B. 否　　C. 不清楚

27. 你是否曾经觉得有人跟着你走而心里不安？

A. 是　　B. 否　　C. 不清楚

28. 当你一个人走夜路时，是否觉得前面暗藏危险？

A. 是　　B. 否　　C. 不清楚

29. 你对别人自杀有什么想法？

A. 可以理解　　B. 不可思议　　C. 不清楚

评分规则：

以上题目选A记2分，选B记0分，选C记1分，请将各题的得分相加，算出总分。

结果分析：

0~20分：情绪稳定，性格成熟，能以沉着的态度应付现实中出现的各种问题；行为充满魅力，有勇气，有维护情绪稳定的能力。

21~40分：情绪基本稳定，较为冷静深沉，但在较大的事件面前会急躁不安；易受环境影响，不太善于发挥自己的个性，自信心有时会受到抑制，遇事会犹豫不决。

41~50分：情绪很不稳定，容易烦恼，不能应付生活中的各种阻挠和挫折，心情时常处于紧张和矛盾之中。

50分以上：这是一种警示信号，建议被试去找心理医生做一下评估。

你与人相处的困扰何在

我们每个人在人际交往中的能力是不同的，有的人强一些，有的人稍微弱一些。即便这方面的能力基本相同，表现的方式也会因人而异。有人可能认为自己某方面的能力不强，并因此而苦恼。实际上，每个人最典型的行为困扰也是不一样的。下面的题目有助于你更好地了解自己与人相处的困扰。

1. 关于自己的烦恼有口难开。 是 否
2. 和生人见面感觉不自然。 是 否
3. 过分羡慕和忌妒别人。 是 否
4. 与异性交往太少。 是 否
5. 对连续不断的会谈感到困难。 是 否
6. 社交场合感到紧张。 是 否
7. 时常伤害别人。 是 否
8. 与异性来往感觉不自然。 是 否
9. 与一大群朋友在一起，常感觉到孤寂或是失落。 是 否
10. 极易受窘。 是 否
11. 与别人不能和睦相处。 是 否
12. 不知道与异性如何适可而止。 是 否
13. 当不熟悉的人对自己倾诉他（她）的生平遭遇，以求得同情时，自己常感觉到不自在。 是 否
14. 担心别人对自己有什么坏印象。 是 否
15. 总是尽力使别人赏识自己。 是 否
16. 暗自思慕异性。 是 否
17. 时常避免表达自己的感受。 是 否
18. 对自己的仪表（容貌）缺乏信心。 是 否
19. 讨厌某人或被某人所讨厌。 是 否
20. 瞧不起异性。 是 否
21. 不能专注地倾听。 是 否
22. 自己的烦恼无人可申诉。 是 否

23. 受到排斥，感到冷漠。　　是　　否

24. 被异性瞧不起。　　是　　否

25. 不能广泛地听取各种意见和看法。　　是　　否

26. 自己常因受伤害而暗自伤心。　　是　　否

27. 常被别人谈论、愚弄。　　是　　否

28. 与异性不知如何更好地相处。　　是　　否

结果分析：

每小题选择“是”计2分，选择“否”计0分。

0~16分：你在与朋友相处上的困扰较少。你善于交谈，性格比较开朗，主动关心别人。你对周围的朋友都比较好，愿意和他们在一起，他们也都喜欢你，你们相处得不错。一句话，你不存在或较少存在交友方面的困扰，你善于与朋友相处，人缘很好，能获得许多人的好感或赞同。

17~28分：你与朋友相处存在一定程度的困扰。你的人缘可能较为一般，换句话说，你和朋友的关系并不牢固，时好时坏，经常处在一种起伏状态。

29~38分：你同朋友相处的困扰比较多，你的人际关系行为困扰比较严重。

39~56分：你与人相处存在严重的困扰。

看看你的困扰集中表现在哪些方面。

请统计第1、5、9、13、18、21、25题的小计分，这表明你在语言和交谈方面的困扰度：12分以上，说明你不太善于言语和交谈；6~11分，说明你交谈能力一般；0~5分，说明你有较高的交谈技巧和能力。

请统计第2、6、10、14、17、22、26题的小计分，这表明你在交友方面的困扰程度：12分以上，说明你不太容易交到朋友；6~11分，说明你交友时比较被动；0~5分，说明你很容易交到朋友。

请统计第3、7、11、15、19、23、27题的小计分，这表明你待人接物方面的能力：12分以上，说明你待人接物方面的能力不太够；6~11分，说明你待人接物方面的能力一般；0~5分，说明你待人接物方面的能力较强。

请统计4、8、12、16、20、24、28题的小计分，这表明你与异性相处时的困扰程度：12分以上，说明你不太会跟异性相处；6~11分，说明你与异性相处能力一般；0~5分，说明你较懂得如何正确处理与异性的关系。

中学生逆反心理测试

请在与自己情况相符的题前填“√”，在不相符合的题前填“×”。

（　　）1. 你不喜欢按照别人说的去做？

（　　）2. 你是否认为绝大多数规章制度是不合理的，应该废除？

（　　）3. 如果父母再一次叮嘱同一件事，你会厌烦吗？

（　　）4. 你欣赏与老师对着干的同学吗？

（　　）5. 你经常考虑事情的反面吗？

（　　）6. 你是否对班干部指手画脚很讨厌，而故意不按他的要求去做？

（　　）7. 老师和父母越是要你用功学习，你越是不想学习吗？

（　　）8. 老师的话很多都是有漏洞，有问题的吗？

（　　）9. 你喜欢与众不同吗？

（　　）10. 违反学校里的某些规定使你感到一种快乐吗？

（　　）11. 别人的批评常常引起你的反感和愤怒吗？

（　　）12. 你是否认为老师有很多缺点和错误？

（　　）13. 对别人不敢干的事你特别想尝试一下吗？

（　　）14. 你喜欢搞一些使被捉弄者痛苦或愤怒的恶作剧吗？

（　　）15. 你是否觉得父母和老师不应该为一些小事大惊小怪、小题大做？

（　　）16. 你蔑视权威吗？

（　　）17. 对批评你的人，你都感到讨厌和恼恨吗？

（　　）18. 你是否认为冒险是一种极大的快乐？

（　　）19. 你习惯上总是按照大多数人说的去做吗？

（　　）20. 对你感到没有意思的事，别人怎么说你也不会好好去干吗？

（　　）21. 你特别爱做令人大吃一惊的事吗？

（　　）22. 人们对你很不重视吗？

（　　）23. 一旦决定了干一件事，不管别人指出这件事多么成问题，你也不会改变主意吗？

(　　) 24. 你总是对老师表扬的同学感到反感，不想理那个同学吗？

(　　) 25. 你喜欢干一些能引起很多同学注意的事吗？

(　　) 26. 当你被别人说得火冒三丈时，你就故意不按照他说的去做吗？

(　　) 27. 你讨厌那些当干部的同学吗？

(　　) 28. 你认为上课时出现一些老师没有预料到的情况令人开心吗？

(　　) 29. 对伤了你自尊心的人，你是否要给他添一些麻烦，让他感到你不好惹？

评分规则：

第19题答“√”记0分，答“×”记1分。其余各题答“√”记1分，答“×”记0分。各题得分相加，统计总分。

结果分析：

0~9分：你的逆反心理很弱，这使你只做并且只喜欢做该做的事，不去做不该做的事。

10~20分：你存在一定的否定倾向，激动时你可能丧失理智，意气用事，有时会做一些不该做的傻事。

21~30分：你有相当严重的逆反心理。你所做的总是与众不同，与习俗和规定不符。如果你不清醒地意识到这一问题，并努力加以克服，你可能会成为一个不受大家欢迎的独行者。

中学生性格类型测试

下面一组问题可以帮助你判断自己的性格类型。每个问题下面有四个选项，在最符合你情况的那个选项后面填4，其次填3，再次填2，最不符合的填1。

1. 我给别人留下的深刻印象是：

A. 经验丰富□　　B. 热情□

C. 灵敏□　　D. 知识丰富□

2. 当我按计划工作时，我希望这个计划能够：

A. 取得预期效果，不要浪费时间和精力□

B. 有趣并能和有关人一起进行□

C. 计划性强□

D. 能产生有价值的新成果□

3. 我的时间很宝贵，所以总是首先确定要做的事：

A. 有无价值□

B. 能否使别人感到有兴趣□

C. 是否安排得当，按计划进行□

D. 是否考虑好了下一步的计划□

4. 对我来说，最满意的情况是：

A. 比原计划做得多□

B. 对别人有帮助□

C. 通过思考解决了一个问题□

D. 把一个想法和另一个想法联系起来□

5. 我喜欢别人把我看成一个：

A. 能完成工作任务的人□　　B. 充满热情和活力的人□

C. 办事胸有成竹的人□　　D. 有远见卓识的人□

6. 当有人对我无礼时，我往往：

A. 立即表现出不快□　　B. 心情不快，但能很快消除□

C. 谴责对方□　　D. 不去理他，考虑自己的事□

填好以后，把6道问题中A、B、C、D选项的分数分别相加，得出4个总分。总分最高的一项，就是你性格的基本类型。

A. 敏感型　　B. 感情型　　C. 思考型　　D. 想象型

A类：敏感型——精神饱满，好动不好静，办事速战速决，但行为常常具有盲目性。他们在与人交往中，往往会拿出全部热情；但在受挫折时，又容易消沉失望。

B类：感情型——感情丰富，喜怒哀乐溢于言表，别人很容易了解其经历和所受的困苦。不喜欢单调的生活，爱刺激，感情用事。讲话、写信热情洋溢。在生活中喜欢鲜明的色彩，对新事物很感兴趣。在与人交往中，容易冲动，也容易反复，所以与其他类型的人不太容易相处。

C类：思考型——善于思考，逻辑思维发达，有较成熟的观点，一切以事实为依据，而且一经做出决定，能够持之以恒。生活、工作有规律，爱整洁，时间观念强。重视调查研究，但有时会表现得不太灵活，过于注重细节，办事缺乏灵活性。

D类：想象型——想象力丰富，对未来很憧憬，喜欢思考问题。生活中不太注重小节。对不能立即了解其想法和价值的人往往会不耐烦，有时行为刻板，不太合群。

中学生学习心理测试

（一）学习压力测试

如果你在学习中感到焦虑不安，不能应付某些事情，或是对什么不满，就会增加你所承受的压力。完成下面这份问卷，尝试找出你的压力所在，并检查这些压力给你的学习所带来的影响。

1. 你是否经常感到自己能力不够强，以至于无法完成某些学习任务？

从不　　不经常　　有时　　经常　　总是

2. 你是否经常不清楚自己的学习范围要求？

从不　　不经常　　有时　　经常　　总是

3. 你是否经常不知道有哪些适合你的提高学习成绩的机会？

从不　　不经常　　有时　　经常　　总是

4. 你是否经常觉得自己的学习量过大，在一个学习日中不可完成？

从不　　不经常　　有时　　经常　　总是

5. 你是否经常觉得自己无法满足家长和老师对你提出的学习上的各种要求？

从不　　不经常　　有时　　经常　　总是

6. 你是否经常觉得自己在学习上不完全称职？

从不　　不经常　　有时　　经常　　总是

7. 你是否经常知道老师和家长对你的看法是怎样的，以及他们怎样评价你的表现？

从不　　不经常　　有时　　经常　　总是

8. 你是否经常担心做出某些决定会影响一些你认识的人的生活？

从不　　不经常　　有时　　经常　　总是

9. 你是否经常感觉得不到完成某些学习任务所需要的帮助？

从不　　不经常　　有时　　经常　　总是

10. 你是否经常感觉到自己被同学们喜欢和接受？

从不　　不经常　　有时　　经常　　总是

11. 你是否经常觉得自己没有能力对老师、家长所做的涉及你的决定和行动施加影响？

从不　　不经常　　有时　　经常　　总是

12. 你是否经常知道和你一起学习的同学对你有什么样的期待？

从不　　不经常　　有时　　经常　　总是

13. 你是否经常认为你所承担的学习任务太多会妨碍它们圆满完成？

从不　　不经常　　有时　　经常　　总是

14. 你是否经常觉得学习中不得不做的事情会影响你的判断力？

从不　　不经常　　有时　　经常　　总是

15. 你是否经常觉得学习打扰了你的日常生活？

从不　　不经常　　有时　　经常　　总是

评分标准

选“从不”得1分，选“不经常”得2分，选“有时”得3分，选“经常”得4分，选“总是”得5分。

结果分析

15~20分：你在学习中几乎没有什么压力，感觉事情可以在自己的掌控之中。

21~45分：你在大多数时间里可以很好地控制情况，但某些情况会偶尔引发一些压力。

46~60分：你经常觉得自己在承受压力，且可能会失控，在这个级别上，压力可能已经为你带来烦恼了。

61~75分：你身上存在极大压力，而且已经失控，你正遭受压力带来的一些痛苦体验。

（二）学习方法测试

本测试是对中学生的学习方法适应性的初步检测。请根据自己学习的实际情形，对所说的内容符合自己情况的选择“是”，不符合的选“否”，实在无法确定的可不选。

1. 你是否觉得学习有趣味？　　是　　否

2. 你是否经常感到睡眠不足？	是	否
3. 你是否很容易进入学习状态？	是	否
4. 你是否喜欢参加学校的集体活动？	是	否
5. 你是否觉得自己在学习上有些压抑，时常被打扰？	是	否
6. 你学习上有了困难是否能得到家长的帮助？	是	否
7. 你是否觉得自己在学习上比较轻松？	是	否
8. 你是否不愿学自己不喜欢的学科？	是	否
9. 你是否经常得到鼓励和表扬？	是	否
10. 你是否经常与成绩好的同学进行比较？	是	否
11. 你每天是否有固定的学习时间？	是	否
12. 你上课是否经常听不懂？	是	否
13. 你是否觉得学习主要就是上课和写作业？	是	否
14. 你听课是否能抓住主要内容？	是	否
15. 你是否觉得学的知识不扎实，甚至前面学后面忘？	是	否
16. 你的作业是否都是独立完成的？	是	否
17. 你是否觉得补课一般没有太大作用？	是	否
18. 你是否平时学得还不错，就是考不好？	是	否
19. 你是否只要有时间就常看各种书？	是	否
20. 你是否认真分析发回的试卷？	是	否
21. 你是否知道自己什么时候记忆效果最好？	是	否
22. 你是否做过的题过段时间有的又不会做了？	是	否
23. 你是否觉得记单词、背课文很容易？	是	否
24. 你是否遇到学习上不懂的问题会设法弄明白？	是	否
25. 你是否觉得有些公式、定理难记住？	是	否
26. 你是否常与同学讨论学习的问题？	是	否
27. 你是否觉得许多不懂的问题只要多读几遍就明白了？	是	否
28. 你是否在学习上常有些应付，或是得过且过？	是	否
29. 你是否考虑过自己的学习方法？	是	否

30. 你是否经常独立思考一些问题？　　是　否

评分标准：

2、5、12、15、18、22、25、28题选择“否”记2分，选择“是”记0分，没选记1分；其他的题选择“是”记2分，选择“否”记0分，没选记1分。将各题分数相加，算出总分。

结果分析：

50~60分：学习方法良好，效率比较高，只要你学就会有出色的成绩，其实你现在的成绩应该就很不错。

30~49分：学习方法较好，学习效率一般，你只要努力就能取得更好的成绩，但有时学习方法的欠缺会让你的努力白费。

10~29分：学习方法一般，学习成绩时好时坏，最好的解决办法是从整体上改进学习习惯和方式。

10分以下：学习方法很原始，学习效率很低，如果不在学习方法上有大的改变和提高，即使学习上花费大量的时间和精力，也难有明显的效果。

主要参考文献

宋广文. 开心教室——初中生心理健康教育（学生用）. 济南：山东教育出版社，2013.

宋广文，杨昭宁. 成长导航——中学生心理健康辅导. 济南：山东教育出版社，2013.

俞国良. 心理健康. 北京：高等教育出版社，2013.

杨敏毅，鞠瑞利. 学校团体心理游戏教程与案例. 上海：上海科学普及出版社，2006.

边涛，吴玉红. 青少年快乐成长方案. 北京：中国物资出版社，2005.

高振中，扈培杰. 中小学心理健康教育. 北京：北京教育出版社，2011.

刘宗娇. 心灵有约. 北京：中国戏剧出版社，2005.

山东省教学研究室，《中小学心理健康教育的理论与实践》编写组编. 中小学心理健康教育的理论与实践. 济南：山东画报出版社，2012.

刘志华. 超级记忆力训练法. 北京：中国纺织出版社，2014.

吕海娥. 心理健康教育. 济南：山东画报出版社，2012.

后　记

初中阶段是人生成长发展的重要阶段，是青少年自我意识和社会化发展的重要时期，在这个人生发展的第二高峰期，一方面，学生的生理、心理等各方面都会发生迅猛的变化，他们会体验到成长带来的喜悦和活力；另一方面，学习环境的改变，学习压力的增大，以及更为开放多元的社会环境会给他们带来诸多迷茫、困惑与烦恼。因此，这一时期的心理健康教育尤为重要。

我校在多年心理健康教育实践的基础上，根据教育部颁布的《中小学心理健康教育指导纲要》（2012年修订）编写了这本心理健康教育教材。本教材的编写旨在通过营造轻松愉快的教学氛围促进学生心理素质的提高和人格的健全发展。

感谢编委会每位成员的辛苦付出，尤其是王绪合校长亲自参与主持编写，为本教材带来层次上的巨大提高。同时感谢国内著名心理咨询专家张沛超博士的悉心指导和大力支持，感谢华南理工大学宋广文教授倾力相荐，并于百忙之中为之作序。

教材编写过程中，对国内诸多优秀的心理健康教育研究成果进行了参考和借鉴，并通过多种渠道联系到部分作者，得到了他们的大力支持，在此一并表示衷心的感谢。恳请一时无法取得联系的作者及时与我们联系，以便妥善处理相关事宜。

虽几经修改完善，但书中定会存在诸多缺漏和不当之处，敬请专家指正。

高志芹

2016年9月9日于心语轩